U0815829

新媒体环境下
高校思想政治教育模式创新与实践

张　静◎著

南京出版传媒集团
南京出版社

图书在版编目 (CIP) 数据

新媒体环境下高校思想政治教育模式创新与实践 / 张静著 . -- 南京 : 南京出版社 , 2024. 9. -- ISBN 978-7-5533-4946-6

Ⅰ . G641

中国国家版本馆 CIP 数据核字第 20243UH599 号

书　　名　新媒体环境下高校思想政治教育模式创新与实践
作　　者　张　静
出版发行　南京出版传媒集团
　　　　　南　京　出　版　社
社址：南京市太平门街 53 号　　邮编：210016
网址：http：//www.njcbs.cn　　电子信箱：njcbs1988@163.com
联系电话：025-83283893、83283864（营销）　025-83112257（编务）

出 版 人　项晓宁
出 品 人　卢海鸣
责任编辑　聂　焘
装帧设计　沈加坤
责任印制　杨福彬

印　　刷　北京亚吉飞数码科技有限公司
开　　本　710 毫米 ×1000 毫米　1/16
印　　张　13.5
字　　数　214 千字
版　　次　2025 年 3 月第 1 版
印　　次　2025 年 3 月第 1 次印刷
书　　号　ISBN 978-7-5533-4946-6
定　　价　80.00 元

用微信或京东APP扫码购书

用淘宝APP扫码购书

前言

党的二十大报告提出“教育、科技、人才是全面建设社会主义现代化国家的基础性、战略性支撑”的论述，突显了优先发展教育对于全面建成社会主义现代化强国、实现第二个百年奋斗目标，以中国式现代化全面推进中华民族伟大复兴宏伟目标实现的重要意义。而推进教育强国建设，既要紧抓“为谁培养人、培养什么人、怎样培养人”等关键问题，又要坚持“为党育人、为国育才”的理念。思想政治教育是巩固马克思主义在高校意识形态领域指导地位的关键保证，是各高等院校高质量完成立德树人历史重任的核心工作。建设教育强国，尤其需要加强思想政治教育，提升教育成效，擦亮我国高等教育的鲜亮底色。

近年来，随着社会主义市场经济体制的逐步完善以及信息技术的迅猛发展，新媒体“闯”进了当代大众的视线，对高校大学生的思想产生了深刻影响，同时也引起了高校思想政治教育工作者的重视。习近平总书记强调：“思想政治工作从根本上说是做人的工作，必须围绕学生、关照学生、服务学生，不断提高学生思想水平、政治觉悟、道德品质、文化素养，让学生成为德才兼备、全面发展的人才”。做好高校思想政治教育工作，有利于解决高等院校“为谁培养人，培养什么人，怎样培养人”的问题。习近平总书记在全国高校思想政治工作会议中明确提出“要运用新媒体新技术使工作活起来，推动思想政治工作传统优势同信息技术高度融合，增强时代感和吸引力。”这是党中央站在发展战略的高度对当今大学生思想政治教育工作改革创新明确提出的新要求，为新媒体视域下的高校思想政治教育建设指明了方向。基于此，笔者特策划并撰写了本书。

本书共包含十章。第一章对高校思想政治教育理论进行阐述，包括高校思想政治教育的内涵、特征、理念与内容。第二章为过渡章，分析了新媒体环境对高校思想政治教育的影响与新媒体时代高校做好思政教育工作的措施。第三章至第十章为本书的重点，从新媒体多个领域入手，分析高校思想政治教育的创新模式，包括微课教学模式、慕课教学模式、翻转课堂教学模式、混合式教学模式、智慧课堂教学模式、直播互动教学模式、共享社区模式、矩阵教育模式。全书体例基本一致，以第三章为例，该章论述新媒体环境下高校思想政治微课教学模式，首先分析微课与微课教学的内涵，进而探究新媒体环境下高校思想政治微课教学模式的优势与运行策略。

本书具有如下特色。首先，本书具有全面性。本书从第三章至第十章共八个板块的篇幅，围绕新媒体环境下高校思想政治教育模式进行了深入的分析与探讨，内容广博，信息量丰富。其次，本书具有针对性。虽然目前高校思想政治教育受到越来越多的重视，但部分高校思想政治教育的实效性没有得到预期的显著提升。在新媒体环境下，高校思想政治教育日益复杂化，面临着严峻的挑战，鉴于此，需要高校不断创新思想政治教育模式，提高思想政治教育实效。本书在剖析现象的基础上提出了切实可行的解决方法，以期能给高校思想政治教育工作者更多有益的启迪。

在撰写本书的过程中，笔者得到了多位专家学者的悉心指导与鼎力支持，在此表示真挚的谢意。由于内容较多且篇幅有限，加之时间仓促以及笔者的视野局限性，尽管主观上尽了最大努力，但书中所涉及的内容难免有疏漏之处，希望各位读者提出宝贵意见。

太原学院　张静
2024 年 1 月

目　录

第一章 高校思想政治教育理论阐述

高校思想政治教育是培养社会主义建设者和接班人的重要手段。大学生作为祖国的未来和社会的希望,其思想政治素质的高低对我国人才资源的质量有直接影响。而开展高校思想政治教育,要熟悉和把握其基本理论。

第一节　高校思想政治教育的内涵

思想政治教育是一种社会实践活动，由特定社会群体通过宣传教育等手段，将其社会成员引导至接受一定的思想观念、政治观点、道德规范和法律知识，从而使其价值观念或思想品德与社会发展的要求相适应。对此概念进行更具象的划分，便衍生出了高校思想政治教育。高校思想政治教育是对思政教育场域和范围更加细化的表达，其工作内容丰富，既体现在对高校学生日常学习生活中渗透性的思想政治教育里，也体现在高校系统开设的思想政治理论课中。高校思想政治教育依托特定的教育资源和载体，在高校范围内开展教育实践活动。[①]

在长期的实践中，高校思想政治教育已经形成了一整套科学的原则体系，始终坚持以马克思主义为指导思想，全面推进全员、全过程、全方位的育人工作，并始终坚持方向性原则、疏导性原则和理论联系实际的原则。首先，高校思想政治教育的重要职责在于引导学生坚持正确的政治方向，这是方向性原则提出的现实要求。其次，高校思想政治教育还要坚持疏导性原则，通过积极引导、说服教育的手段将疏通和指导相结合，引导学生克服消极因素的影响，在理论学习与实践中促进自身全面发展。最后，高校思想政治教育还要坚持理论联系实际的基本原则，只有把握社会发展和变革提出的现实要求，并结合学生的实际问题，才能不断培育出社会主义现代化建设的重要力量。上述三点是高校思想政治教育在实践中的基本原则和现实要求。

① 张耀灿，郑永廷．现代思想政治教育学[M]．北京：人民出版社，2006.

第二节　高校思想政治教育的基本特征

一、综合性

从内容上来说，高校思想政治教育包含学生日常思想政治教育及思想政治理论课。日常思想政治教育的对象是人，因而它必然涉及多学科内容，诸如心理学、教育学、政治学、哲学、社会学、法学、历史学等，这些学科知识的相互交织共同构成了高校思想政治教育的综合性特征。这种综合性不仅有助于提升学生的综合素养，也有助于培养学生的跨学科思维能力。对于思想政治理论课来说，思政课的本质就是讲道理，“理”是贯穿思政课始终的一条主线，它的教学内容就内在地包含了治国理政的道理、马克思主义的学理以及深刻的哲理，丰富的教学内容充分体现了高校思想政治教育的综合性。其中，马克思主义作为一种具有深刻影响力的理论成果，旨在深入研究社会与人发展的各个方面，以期为人类社会的发展提供有益的理论指导。它的研究领域极为广泛，涵盖了经济、政治、文化、社会以及人的思维等多个方面，形成了一个全面、系统的理论体系。这就意味着高校思想政治教育不仅要有理论深度和历史厚度，还要有社会广度，这也鲜明地体现了高校思想政治教育的综合性特征。

从方法上来说，高校思想政治教育要实现教育目标，需要整合各类资源，采取多元化教育手段，开展多种教育活动，例如课堂教学、实践活动、课题研究、社会服务等，引导学生将理论应用于实践，从而实现理论与实践的紧密结合，进一步提升学生的综合素质。就课堂教学而言，思政课不是简单的政治宣讲，而是要用透彻的学理分析征服学生，用彻底的思想理论说服学生，用强大的真理力量引导学生。因此在课堂上需要注重方式方法，要用多种方式引导他们领悟马克思主义蕴含的丰富哲理，感悟党的创新理论实践伟力，体悟新时代国情民情。

综上所述，高校思想政治教育不论是内容还是方法，都具有鲜明的综合性特征。这一特征不仅体现为马克思主义理论的全面覆盖，也体现为多学科的教育内容融合，以及丰富多样的教学活动和实践活动的开展。只有充分认识到这一特征，才能更好地推动高校思想政治教育的发展，培养出有理想、敢担当、能吃苦、肯奋斗的新时代好青年。

在新时代背景下，高校思想政治教育需要不断创新，以更好地适应社会发展的需要，这就要求教育者深入研究马克思主义理论，充分挖掘各学科的教育资源，开展丰富多彩的教学活动，培养学生的综合素质和社会责任感。只有这样才能真正实现高校思想政治教育目标，为我国的社会发展和人才培养贡献力量。

二、全员性

高校思想政治教育是我国高等教育的重要组成部分，旨在培养具有社会主义核心价值观的新时代青年。在“无时不有、无处不在”的大思政教育理念指导下，那种认为思政工作就是由思政课教师来做的观点已经与时代不符，教育者的角色不再局限于思想政治理论课教师、辅导员和学生工作者，而是扩展到全体教职员工和每一位大学生，应构建高校党委牵头、思政教师队伍主力、全体教职员工和大学生齐动员的教育格局，凝聚起强大的育人合力，调动各方力量开展思想政治教育，实现全员育人。

三、民族性

高校思想政治教育应始终立足于中华民族的根基和血脉，不断挖掘中华民族思想资源，继承和发扬中华优秀传统文化。中华民族历史悠久，中华优秀传统文化源远流长，它孕育着中国人的精神，同时也是高校思想政治教育的灵魂所在。要不断弘扬民族精神，让大学生成为新一代具备爱国主义情怀、能够担当民族复兴大任的新时代好青年，既要将他们培育成为马克思主义的忠实信仰者和践行者，也要将他们培育成为中华优秀传统文化的忠实继承者和弘扬者。为此，高校思想政治教育应深入挖掘民族精神内涵，培养一代又一代具有爱国主义情怀、勇于担当的民族脊梁。在新时代背景下，高校思想政治教育任重而道远，要为实现中华民族伟大复兴的中国梦贡献力量。

四、创新性

高校思想政治教育作为大学生人才教育的重要环节，肩负着培养未来社会主义建设者和接班人的重任，必须在教育创新上勇于突破，以适应时代发展的要求。

（一）教育理论的创新

当今世界发展迅猛，如果思想僵化，故步自封，马克思主义就会失去它的生命力，就不能科学回答时代之问、历史之问，党和国家的事业也无法顺利前进。高校思想政治教育理论也必须与时俱进，和时代同频，与实践同步，直面问题，努力讲好“时代之问”“历史之问”，不断进行自我更新，保持生机与活力。高校思政教育工作者要不断深化对思想政治教育本质、规律和发展变化的认识，对实践中出现的新情况和新问题作新的理性分析和解答，对取得的工作和教学经验作新的理性升华，不断突破原有理论体系框架，拓展理论宽度，积极探求新的理论领域。

（二）教育方法的创新

思政课是讲道理的课程，但是要想把道理讲深、讲活，讲到学生的心里，就要创新教育方法。在新时代背景下，高校思想政治教育需要探索适应现代科技发展的教育方法和手段，例如，利用网络信息技术打破传统课堂边界，拓宽教育渠道；运用大数据分析了解学生学习需求，实现个性化精准教育；借助虚拟现实技术为学生提供身临其境的教育体验等。教师要在课堂上注重创新教学方式，以提高和学生沟通的效果，要注重学生的教学反馈，及时调整和改进教育方法。

（三）评价体系的创新

为了更好地推动高校思想政治教育创新，需要构建一套科学、合理的评价体系，这一体系应充分体现学生的综合素质，不仅要关注专业成绩，还要关注学生在价值观、思想品德、意识行为等方面的表现。同时，评价标准要具有一定的灵活性，允许教师根据学生特点进行个性化评价。此外，要加强对教师的评价，鼓励教师在教学实践中不断创新，提升自身教学水平。

总之，高校思想政治教育创新是新时代赋予思政教育工作者的历史使命。高校要紧紧围绕教育理论、教育方法、教育评价体系等方面，进行深入研究和实践，为培养具有创新精神、社会责任感和国际视野的社会主义建设者和接班人贡献力量，只有这样才能不断推动高校思想政治教育工作向前发展，为实现中华民族伟大复兴提供有力支持。

第三节　高校思想政治教育的理念与内容

一、高校思想政治教育的理念

（一）人的全面发展理念

1. 马克思主义关于人的全面发展理论的基本内涵

（1）人的需要的全面发展

马克思主义的最高理想是人的自由而全面的发展。马克思认为："人以一种全面的方式，也就是说，作为一个完整的人，占有自己的全面的本质。"[①]可见，人的全面发展涉及的内容非常广泛，并非人们在某一个领域发展得很好就意味着他在其余领域都会表现优异。马克思认为，需要是人的本性，是人一切活动的动力和源泉，"任何人如果不同时为了自己的某种需要和为了这种需要的器官做事，他就什么也不能做。"[②]也就是说，人们为了满足自身的需要，会参与社会活动，开展各种社会实践。

① 马克思，恩格斯.《马克思恩格斯全集》第 42 卷 [M]. 北京：人民出版社，1995.
② 马克思，恩格斯.《马克思恩格斯全集》第 3 卷 [M]. 北京：人民出版社，1995

事物的发展是一个由低层次向高层次发展的过程，人类需求的发展也是由低层次向高层次、由简单向复杂，不断完善、由片面到全面的发展过程。社会上的每一个个体都要首先满足自己的生存需要，然后才能发展其他需要，由此可见，人的需要的不断发展是人类全面发展的内在动力。人的需要是在不断实践中得到满足的，因此，人的需要的全面发展是人的全面发展的重要内容。

（2）人的能力的全面发展

人的能力的全面发展指的是人在各个方面的能力得到充分的展现和发挥。人的能力包括生产能力、创造能力、社交能力、认知能力、审美能力等。这种全面发展需要考虑人类生存的多个维度，包括物质、文化、精神和社会等方面。首先，马克思认为，人的能力是多元化的。人的能力不仅仅包括物质生产能力，还包括文化、精神等多个方面。人的全面发展需要考虑这些不同方面的能力，而不是局限于某一个方面的发展。其次，人的能力是可塑的。人的能力不是天生的，而是可以通过后天学习、实践和经验积累等方式得到发展和提高的。在这个过程中，人们需要得到充分的机会和资源来发展自己的能力。同时，人的能力是相互关联的。不同能力之间存在着相互作用和相互促进的关系。比如，创造能力和认知能力的发展可以促进物质生产能力的发展，而物质生产能力的发展也可以为创造能力和认知能力的开发提供支撑。另外，马克思强调，人的能力的发展需要考虑社会环境的因素。社会制度、经济制度、文化习惯等都会对人的全面发展产生重要的影响。他认为，人的能力的发展是自由王国的目的本身。由此可知，只有在一个自由平等、公正合理的社会环境中，人们才能够得到全面的发展和自我实现。综上所述，人的能力的全面发展内涵丰富，并且这些能力是多元的、可塑的、相互关联的，且受社会环境等因素影响。

（3）人的社会关系的全面发展

马克思关于人的社会关系的全面发展是其辩证唯物主义和历史唯物主义的基本观点之一。他认为，人的社会关系的全面发展是历史发展的内在要求和目标，旨在实现人类社会的自由、平等和全面发展。马克思认为社会关系应当追求全面的发展，即经济、政治、文化等各个方面的协调发展。他强调了生产关系和生产力之间的协调发展，认为生产力的发展需要与之相适应的生产关系，否则会出现矛盾和阻碍。马克思主义强调社会公平的实现是一种历史必然，人们通过消灭阶级剥削和压迫建立起一个公平正义的社会。马克思关注社会关系对个体全面发展的影响。他指出，在资本主义社会中，私有制和商品经济的社会关系限制了人的全面发展，人们被迫以出卖劳动力为生存手段，无法充分发挥自己的能力和潜力。马克思认为社会关系的转变和改革应当使个体能够自由地发展自己的能力和兴趣，摆脱对经济利益的单一追求。此外，马克思还指出社会关系对于人的意识和文化的塑造作用，他认为社会关系的变迁会影响人们的思想观念、价值取向和文化认同。马克思强调了人类对社会关系的主动作用，认为通过改变社会关系可以培养出具有进步性和解放性的意识形态，促进文化的多样性和创新性。因此，马克思认为社会关系应当服务于人的全面发展，促进个体的自由、平等和创造力的发挥。通过改变和优化社会关系，消灭剥削和不平等，实现社会的全面发展，才能为每个人提供更好的生活条件和发展机会。

2. 人的全面发展理念下高校思想政治教育路径

当前，为了更好地推进思想政治教育的创新发展，高校要以人的全面发展这一理念为指导，紧密结合大学生的实际需求，不断优化教育内容和方式。

第一，坚持以人为本，关注大学生个体差异。每个大学生都有自己独特的性格、兴趣和需求，因此高校思想政治教育要关注每个学生的个体差异，尊重他们的意愿，帮助他们找到适合自己的发展道路。同时，高校思政教育要注重培养学生的自主性、创新性和批判性思维，使他们能够在不断探索中实现自我价值。

第二，丰富教育形式，提高教育实效。传统的思想政治教育往往过于注重理论传授，缺乏实践性。思政课的专业性非常强，具有一定的学术深度和广度，要让学生学懂、弄通，就要注重教学方式和手段，通过多种教育形式来提高教育的实效性。高校思政教育应当将课堂教学与实践活动相结合。实践活动的作用是让理论教学变得更加鲜活，教师的相关教学会更加有亲和力，学生在实践中感受理论也会更加具象化。此外，教师还可以利用微课、慕课等多种形式丰富教学手段，激发学生的学习兴趣。

第三，强化师资队伍建设，提高教育质量。讲好思政课，关键在教师，思政教师的素质直接影响到思想政治教育的质量。因此，要加强师资队伍建设，提高教师的政治素养、专业基础和教学能力。同时，要关注教师的职业发展，为他们提供更多的培训、学习、实践和交流机会，为提高高校思想政治教育水平提供政策保障。

第四，构建全面育人体系，促进学生全面发展。思想政治教育不仅仅是课堂上的任务，更是贯穿整个教育阶段的全方位教育。高校要构建全面育人体系，将思想政治教育与德育、智育、体育、美育等各个领域相结合，引导学生德智体美劳全面发展。此外，还要加强校园文化建设，营造有利于学生全面发展的良好氛围。

第五，深化校企合作，拓宽学生实践平台。校企合作是提高学生实践能力的重要途径。学校要深化与企业、社会的合作，为学生提供更多的实践机会，让他们在实践中了解民情、社情、国情，积累经验、锤炼品格、增长才干，在实践中实现知、情、意、行的融会贯通，提高综合素质，努力成为堪当大任的社会主义建设者和接班人。同时，学校也要注重发挥企业在人才培养中的作用，要将企业的优势资源引入校园，为学生的成长提供更多支持。

总之，要紧密结合大学生的实际需求，以人的全面发展为指导，从多个层面入手，不断探索新的教育路径，推进高校思想政治教育的创新发展，只有这样才能培养出一批具有较高政治素质、全面发展的优秀人才，为我国社会主义现代化强国建设贡献力量。

（二）三全育人理念

1.“三全育人”的基本内涵

“三全育人”是指全体教职工以强烈的育人意识和育人责任感参与到育人工作中，将“人本”思想与育人工作相结合，融入大学生的成长过程，融入大学生学习的各个环节，协调不同人员之间、不同空间之间的资源要素，从而实现育人目标。习近平总书记在全国高校思想政治工作会议上强调指出：“要坚持把立德树人作为中心环节，把思想政治工作贯穿教育教学全过程，实现全程育人、全方位育人，努力开创我国高等教育事业发展新局面。”[①]这为新时代加强和改进高校思想政治工作提供了基本遵循。

第一，全员育人。“全员”一方面包括校内与育人工作相关的全体教职工，在高校这一特定范围内包含教师（思想政治理论课教师、心理健康教师、就业指导教师、专业课教师）、党员领导干部、辅导员、学生自身、党建和思想政治工作队伍等直接对学生产生价值影响的群体，还包括教辅人员、管理部门人员、服务部门人员、后勤部门人员等间接产生影响的群体；另一方面包括学校以外的家庭、社会、企业等，形成家校社企联动的育人共同体。“育”即教育、培养。对受教育者进行德育、智育、体育、美育等多方面的教育、培养，即为育人。“全员育人”是从育人主体维度对育人队伍提出的要求。高校全体教职员工都应该参与到育人工作中，全员增强育人觉悟，强化育人意识和育人责任，在齐抓共管中发挥育人职能。高校教职员工全部参与到育人工作中，就是指高校各岗位人员树立高度的育人责任感和信念感，依据自身岗位特性和个人素养，悄无声息地将育人目标渗透到工作生活之中，实现“育人无处不在、育人无时不在、育人无人不能”[②]。

第二，全过程育人。全过程育人是从时间维度来界定高校育人工作的，是指思想政治教育贯穿大学生的入学至毕业，贯穿大学生学习与生活之中。这也就表明思想政治教育不是仅仅局限于课堂之上、学期之内，还包含实践、生活和就业的各个方面。所以全过程育人要求育人的持续性和连贯性，一方面不能仅停留于课堂知识的传授，而是要以全程为标准，整合各方资源，对学生进行精细化的思想政治教育，将学习、实践、生活有序地衔接起来，把思想政治教育融入其中；另一方面在育人过程中需要形成系统的思想政治教育体系，以有效利用教育资源，高效实现育人目标。

第三，全方位育人。全方位育人是从空间维度来界定高校育人工作的。随着科学技术的不断发展，环境愈发开放，网络更加发达，大学生获取信息的途径从校园范围拓展到网络空间，不仅渠道更为便捷，所获信息也呈现巨量化的特点，对大学生产生了全面而深刻的影响。在这种情

---

① 习近平在全国高校思想政治工作会议上强调：把思想政治工作贯穿教育教学全过程　开创我国高等教育事业发展新局面[N].人民日报，2016-12-09.

② 梁伟，马俊，梅旭成.高校“三全育人”理念的内涵与实践[J].学校党建与思想教育，2020（04）：36-38.

况下，大学生不可避免地会受到不良信息的影响和错误信息的诱导，削弱高校思想政治教育的功效，因此，全方位育人显得尤为必要。全方位育人要紧紧围绕立德树人这个根本任务，全面对大学生进行思想认知的教化，这就要求高校要善于利用各种空间，协调环境资源，对大学生进行全方位的思想认知和价值观念教化，使大学生从周边的人、事、信息中感知正确的价值观念，逐步形成正确的思想政治观念。

全员育人、全过程育人、全方位育人三者缺一不可，相互促进，共同构成了“一体化”的育人体系。党的十八大报告提出“推动高等教育内涵式发展”的战略目标，为高等教育的现代化发展指明了方向，党的十九大报告再次强调要“实现高等教育内涵式发展”。追求内涵式发展就要改变原来多投入低产出的育人模式，在着重提升高等教育质量的同时，强调“思想意识”的教化能力。“我国高等教育质量在宏观上的最高体现是能够满足国家建设和社会经济发展的客观需求，即高等教育服务于社会的满意度与匹配度；在微观上的最高体现是能够满足学生个人全面自由发展的实际需求”①。满足学生全面发展的需求，就是要求在思想政治教育质量的提升过程中，推进大学生精神领域的进步，从而实现自由而全面的发展。这表明建设一流高校不仅仅需要学科专业、前沿技术的领先，还应拓展育人能力，提高思想政治教育的效果，这样才能具备推动社会发展进步、促进学生成长成才的双重价值。因此，促进高等教育内涵式发展必须坚持以人民为中心的教育理念，明确思想教育与素质教育之间的紧密关联。高校思想政治教育是助推高等教育实现内涵式发展的重要力量，忽视思想政治教育方面的发展，将会导致高等教育内涵式发展的不充分和不平衡。新时代“三全育人”是贯彻落实高等教育内涵式发展的具体举措，“三全育人”将高校发展、思想教育、道德教育结合起来，通过“三全育人”工作，从人、时间和空间维度，全方位覆盖高校教育的各个领域和环节，促进大学生德智体美劳全面发展和技能全面提升，进而推动高校教育完成立德树人的根本任务，助力高等教育内涵式发展。

① 徐吉洪．高等教育内涵式发展的话语逻辑[J]．黑龙江高教研究，2018（01）：19-22．

2.“三全育人”理念下构建“大思政课”的途径

着力推动“大思政课”建设，构建“大思政课”新格局是立足新发展阶段，推动思想政治理论课改革创新以及高质量发展的必然要求。“‘大思政课’是立德树人系统工程中思想政治理论课的新形态，是对思政课建设经验和建设规律长期认知的凝结，将在思政课培根铸魂的导向功能中占据新方位”。① 因此，探讨“大思政课”的构建方法以及在建设过程中形成什么样的“大思政课”新格局，有利于把握“大思政课”的育人方向，探索“大思政课”新格局的建设思路。

（1）构建“思政课＋各类课程”同向同行、同频共振新格局

大思政课以培养时代新人、培养社会主义建设者和接班人为目标，“充分发挥传统教材和课堂以外的资源与方式，进行课程资源转换，使之构成思政课的课程要素，引导学思践悟，更好完成思政课立德树人关键课程这一重要的形象用语”②。思想政治课不是一门单纯的知识课、认知课，它的教学内容涉及马克思主义哲学、政治经济学、科学社会主义，涉及经济、政治、文化、社会、生态文明和党的建设，涉及改革发展稳定、内政外交国防、治党治国治军，涉及党史、新中国史、改革开放史、社会主义发展史，涉及世界史、国际共运史，涉及世情、国情、党情、民情等等③。内容量大、涉及面广，仅仅依靠思想政治课程远远不够，还要引入专业课程，在把握好思想政治理论课主渠道的同时，使各类专业课程与思想政治理论课同向同行，同频共振。大思政课是在传统思想政治理论课的基础上，对思想政治课程的进一步拓展与深化，其本质上还是思想政治理论课。作为“课”的形态，大思政课拓展了课堂，所关注的高质量目标并不是单纯地指一门课，而是重在打造兼具内部协同性与外部开放性的思想政治理论课程群，这个“外部”包含除思想政治理论课以外的各类课程。因此，大思政课新格局的表现之一必然是“思政课＋各类课程”同向同行的协同新格局。准确把握“大思政课”的思想性，需要坚持大

① 徐蓉，周璇．善用“大思政课”推进教学改革创新[J]．思想理论教育，2021(10)：60-65.

② 高国希．试论关于“大思政课”的几对范畴关系[J]．马克思主义理论学科研究，2021，7(10)：104-112.

③ 习近平．思政课是落实立德树人根本任务的关键课程[J]．求是，2020(17)：4-16.

课程观。

大思政课是以“育人”和“协同”为核心范畴架构起的育人能量储存场域与释放场域,育人既是思想政治理论课的任务,也是专业课的任务,新时代的教育不仅仅是知识的教学,更是对人的教育,因此,课程之间相互协同是实现德智并举的有效举措。一方面,首先要坚持思想政治理论课与哲学社会科学课程协同并进,发挥哲学社会科学在思想政治教育方面的支撑作用。其支撑作用不仅是知识的传授,还有人文性与价值性的涵养,这是一项更复杂、持续性更长的工程,需充分认识到哲学社会科学、中华优秀传统文化为思想政治理论课提供坚实的学科支撑和理论积淀。正如列宁所说:“如果以为不必领会共产主义本身借以产生的全部知识,只要领会共产主义的口号,领会共产主义科学的结论就足够了,那是错误的。共产主义是从人类知识的总和中产生出来的,马克思主义就是这方面的典范。”① 其次,要坚持价值引领与知识教育相统一。在推动思想政治理论课改革创新的实践进程中,习近平总书记提出要坚持价值性与知识性相统一,思想政治理论课主要在塑造学生的价值观,要在满足学生知识追求的基础上加强价值观教育。哲学社会科学要发挥育人育德的内在功能,也应该坚持价值性与知识性的统一,既要挖掘其中蕴含的思想政治教育资源,又要汲取丰富的人文知识,达到意识形态性与学术性相统一,适时倡导正确的政治观念与价值取向。另一方面,要坚持思想政治理论课程与专业课程同向同行,这个“行”就是进行思想政治教育,使专业课程与思想政治理论课同频共振、德业融合,发挥好专业课程的思想政治教育作用。虽然专业课程和思想政治理论课程体系是相对区分的,但这两类课程在思想政治教育方面所发挥的作用是不能割裂的。坚持德业融合,要结合专业课程各自的课程属性和内容,挖掘思想政治教育的另一渠道。在教授学生专业知识与提高专业技能的同时,提升学生的综合素质,塑造健全人格。坚持德业融合,要在专业课程的教学过程中隐性地渗透价值观念,坚持显性教育与隐性教育相统一。思想政治理论课就是思想政治教育的显性课程,这要求高校要理直气壮地开好思想政治理论课,同时创新专业课程教学过程中的教学方法,讲出除专业知识以外的社会、思想、价值、哲学、精神等内容,将知识吸收建立在情感认同之上,使学生更加热爱自己将要从事的事业,使教

① 列宁.列宁全集:第39卷[M].北京:人民出版社,1986.

育既有惊涛拍岸的声势，又有润物无声的效果，促进思想政治理论课与各类课程同向同行。但需要强调的是，同向同行是一个系统的整体，不是同向与同行相互割裂，相向而行，也不是要把各类课程都变成思想政治教育课程，而是在办学本质与育人目标相一致的基础上共同发力。

强国必先强教，强教必先强师，思政课教师要理论素养深厚、学识渊博、信仰坚定，要向学生传递真善美。习近平总书记对包括思想政治理论课教师在内的高校教师提出了明确的要求和殷切的希望，“对教师来说，想把学生培养成什么样的人，自己首先就应该成为什么样的人，培养社会主义建设者和接班人，迫切需要我们的教师既精通专业知识、做好‘经师’，又涵养德行、成为‘人师’，努力做精于‘传道授业解惑’的‘经师’和‘人师’的统一者。”[①] “经师”授业解惑，“人师”传道，身为教师只有学问高、德行正，才能真正做到言为士则、行为世范。大思政课推进“大先生”的产生。“大先生”应是教学生为学、为事、为人的好先生，教学生为学是以深厚的学识基础开启学生的智慧，教学生为事是为学生了解国内外大事提供良好的导向，教学生为人是以坚定的政治立场和高尚的道德标准培养学生的素质。“大思政课”下的“大先生”不仅仅指思想政治理论课教师，其他各类课程教师都应争做大先生。既然是做意识形态的工作，教师首先要提高育人责任，不同学科的教师都应具备较高的马克思主义理论素养，各类课程教师之间要形成有效的沟通与联动。

（2）构建“思政课＋学校日常思政”校内循环的互动新格局

在高校中，大学生除了学习还有日常生活，因此思想政治教育除了思想政治理论课，还有重要的课外教育形式，如学术活动、社团活动、志愿者活动、党日团日活动等，这些日常思想政治教育活动内容丰富，且与大学生生活密切相关。日常思想政治教育具有几个特点：一是实践性。马克思认为：“人应该在实践中证明自己思维的真理性，即自己思维的现实性和力量，亦即自己思维的此岸性”。[②] 这句话表明了实践的重要性，即理论来源于实践，理论的根基是实践，如果脱离了实践，任何理论都失去了基础。这说明大学生不能仅有理论学习，还必须要在实践中检验理论，将理论知识化为实践成果。二是渗透性。高校日常思想政治教育活动与大学生生活密切相关，渗透在校园生活的各个方面，学生

① 习近平在中国人民大学考察时强调：坚持党的领导 传承红色基因 扎根中国大地 走出一条建设中国特色世界一流大学新路[N].人民日报，2022-04-26.

② 马克思，恩格斯.马克思恩格斯文集：第1卷[M].北京：人民出版社，2009.

在参与活动过程中“润物细无声”地接受思想政治教育,这种方式更易被学生接受。三是广泛性。日常思想政治教育活动相较于思想政治理论课堂的教室范围,具有广泛性的特点,它分布于校园的各个角落,场所多元、途径多样、时空界限不明显,能够很好地贯穿大学生学习生活全过程。

高校思想政治教育是一项系统性、整体性、协同性很强的育人活动,它的主体不仅包括思想政治理论课教师、学生工作者,还包括思想政治教育的组织者和管理者。因而,构建“大思政课”新格局,就要立足校内这个大环境,贯彻三全育人理念,对大学生入学到毕业这一完整时间段中每个阶段的突出问题进行显隐结合的思想政治教育。因该项工作涉及教学、管理和服务等方面,这就需要各个部门加强沟通,协同配合,形成全员育人的合力。思想政治理论课与高校日常思想政治教育的协同是在强化思想政治理论课“主渠道”地位的基础上,建设高校日常思想政治教育“主阵地”,形成真正的协同育人。主阵地要积极配合主渠道,从而达到完整的协同。具体措施如下:一是要保持内在协同。思想政治理论课是大学生的必修课,它具有浓厚的政治色彩和意识形态性质,主张学生探索知识,运用马克思主义的立场、观点、方法去分析问题和解决问题,是学术教育与意识形态教育的统一。而日常思想政治教育作为一种课堂之外的教育形式,是根据党的教育方针和思想政治教育工作的要求来开展的教育活动,是协调学生日常生活,保证学生身心健康发展的教育方式,二者达到协同需要在育人内容上保持一致。虽然二者的育人内容各有侧重,但在育人方向上是基本一致的,都是为了培养堪当大任的时代新人,但只有育人内容配合,有共同的育人方向,才能发挥整体作用,达到协同育人的最大效果。二是要保持外在协同。思想政治教育系统有四要素,即主体要素、客体要素、介体要素和环体要素。首先是主体协同,思想政治理论课的主体是思想政治理论课教师,他们承担着教学任务,是课堂上教学的主导者,是学生意识形态的引路人。日常思想政治教育的主体则是辅导员、班主任、学生工作者及其他相关教职员工,他们不仅要解决学生实际生活中遇到的难题,还要帮助解决学习上的问题,助其形成良好的道德品质。主体协同就是加强思想政治理论课教师和高校教职员工之间的协同,避免各管“一块田”的割裂现象,只有齐心协力才能提升育人效果。其次是介体协同,即教育手段的协同。思想政治理论课的教育方式是在课堂上通过理论知识的传授,达到教育目的，日常思想政治教育注重实践，在实践中加强个人习惯的养成，二者的侧重点不同，容易造成“知”与“行”分离的结果。二者协同就是要创新教育手段，促进两者的“知行合一”，让学生将思想政治理论课上学到的理论知识运用到实践中，在实践中加深对理论知识理解，达到内化于心、外化于行的效果。再次是环体协同，即要保持外部环境的协同。思想政治理论课的主要教学环境是教室，而日常思想政治教育环境包括宿舍、教室、校园等各场所，二者的协同育人就是让思想政治理论课走出课堂这个室内小天地，在室外领略马克思主义真理的力量。也可以将室外的活动转化为一个个小课堂，加强环境资源和信息共享，不断推动思想政治教育系统的发展。

二、高校思想政治教育的内容

（一）政治引导

政治引导在当今社会具有极其重要的意义。它的核心内涵是引导社会成员特别是青年大学生，对国家政治关系和政治问题有正确且全面的认识。这一过程不仅是知识的传授，更是思想的引领和价值观的塑造。

对大学生进行政治引导是一项深远且重要的任务。大学生是我国未来的栋梁，是社会的中坚力量，他们的政治观念、价值观和思想取向对我国未来发展影响深远。因此，必须引导他们以马克思主义为根本立场来观察、分析政治问题和处理政治关系，这既是对大学生进行思想政治教育的过程，也是保障我国意识形态安全的重要手段。

政治引导作为高校思想政治教育的核心内容，是我国高校育人工作的重要环节。在新时代背景下，高校正在进行的思想政治教育改革是一次全新尝试，是对我国高等教育育人工作的深化和拓展。通过对政治引导内容的归纳和总结，可以更好地推动我国高校思想政治教育建设，更好地培养一代又一代具有正确政治观念的青年人。

政治引导的内容丰富多样，不仅涵盖了政治理论教育、政治认同教育，还涉及家国情怀教育等多个方面。这些教育内容旨在帮助人们树立正确的政治观念，增强对国家和民族的认同感和归属感，进而推动社会的和谐稳定与发展。

1. 政治理论教育

政治理论教育作为塑造人们思想观念和政治立场的重要途径，一直以来在高校思想政治教育中都占据着举足轻重的地位。在当前的时代背景下，高校应深化政治理论教育，以更加丰富的内涵和形式引导大学生树立正确的世界观、人生观和价值观。

在开展政治理论教育的过程中，高校不仅要注重理论知识的传授，更要强调理论与实践的结合。通过组织各种社会实践活动，让大学生在亲身参与中感受政治理论的魅力，从而对理论有更加深入的理解和认同。同时，高校还应关注政治理论教育的时代性，紧密结合当前的社会热点和时事问题，引导大学生从政治理论的角度去分析和解决问题，提升他们的政治素养和综合能力。

此外，政治理论教育还应注重因材施教，针对不同年级、不同专业背景的大学生，制定不同的教学大纲，以满足他们的个性化发展需求，还可以通过开展主题班会、演讲比赛等形式，激发他们的学习兴趣和热情；也可以组织专题讲座、研讨会等活动，帮助他们深入理解政治理论，提升政治觉悟。

总之，政治理论教育是一项长期而艰巨的任务，需要高校不断探索和创新。只有通过不断深化政治理论教育，高校才能培养出更多具有坚定政治立场、高尚道德品质和卓越专业才能的人才，为国家的繁荣富强和民族的伟大复兴贡献力量。

2. 政治认同教育

作为社会主义的建设者和接班人，大学生的政治素质和政治信念对于社会意识形态建设具有深远的影响。因此，高校应当加强对大学生的政治认同教育，提升其政治素质和政治信念，使其成为坚定的马克思主义者和中国特色社会主义事业的合格接班人。

崇高的理想信念是共产党人的精神支柱和动力源泉。中国共产党人正是凭借坚定的理想信念，团结带领人民一路披荆斩棘，取得了辉煌的成就。因此，高校应当加强党史教育，引导学生了解党的光辉历程和伟大成就，坚定其理想信念和政治信仰，激发其爱国热情和民族自豪感。

政治认同教育应当注重引导学生将个人的理想信念与国家和民族的事业相结合，只有将个人的理想追求融入中华民族伟大复兴的事业中，才能真正实现自己的人生价值。

总之，高校应当加强对大学生的政治认同教育，注重思想引领和理想信念教育，引导其树立正确的世界观、人生观和价值观，培养其成为有理想、有信念、有担当的新时代青年，为中华民族伟大复兴贡献自己的力量。

3. 家国情怀教育

大学生是国家的未来和民族的希望，其思想观念和价值取向对于国家的发展和社会的进步具有重要影响，因此，对大学生进行家国情怀教育，培养其爱国主义精神，是高校教育的重要任务之一。

家国情怀教育是爱国主义教育的重要组成部分。爱国主义蕴含着对自己祖国的深厚感情，表现为对祖国的热爱和对人民的关心。通过家国情怀教育，可以帮助大学生更好地了解国家的历史、文化和传统，增强其民族自豪感和国家认同感，激发其为国家发展和民族进步而奋斗的动力。

家国情怀教育需要与实际相结合。空谈误国，实干兴邦，培养大学生的家国情怀不能仅仅停留在口头上，而应付诸实践。高校可以组织各种形式的社会实践活动，如志愿服务、社会调查、创新创业等，让大学生在实践中了解社情、国情，感受国家的发展与社会的进步，增强其责任感和使命感。

家国情怀教育需要注重文化传承和创新。文化是一个民族的灵魂和根基，传承和创新文化是家国情怀教育的核心内容。高校可以通过开设爱国主义专题讲座、举办文化交流活动、加强校园文化建设等方式，帮助大学生了解和传承中华优秀传统文化，厚植他们的爱国情怀，同时培养他们的创新思维和跨文化交流能力。

总之，家国情怀教育是高校爱国主义教育的重要组成部分，对于培养大学生的国家认同感和民族自豪感具有重要意义。高校应当重视家国情怀教育的实践性和文化传承创新，为培养新时代的优秀青年贡献力量。

综上所述，政治引导是我国高校思想政治教育的核心，是培养一代又一代具有正确政治观念的青年人的重要手段。在新时代背景下，要不断深化政治引导的内容和方式，确保我国高校思想政治教育工作的顺利进行，保障我国的意识形态安全，为实现中华民族伟大复兴的中国梦提供坚实的思想基础。

（二）思想引领与价值观培育

思想引领在高校思想政治教育中占据了至关重要的地位。从本质上来说，个体的行为都是在某种思想观念的指导下进行的，因此，大学生的思想观念是否正确，将对其行为性质产生直接影响。长期以来，大学生思想引领工作由高校思想政治理论课教师主要负责。

新时代带来新的挑战和机遇，加强对大学生的思想引领要求高校不断进行思想政治教育改革，专业课教师要在传授专业知识、培养专业能力的过程中融入社会主义核心价值观、中华优秀传统文化以及法治教育等方面内容，使学生在获取专业知识、提升专业技能的同时，在思想上坚守社会主义核心价值观的价值追求，受到中华优秀传统文化的熏陶，树立宪法法治意识。通过这种方式进一步提升隐性思想政治教育的实效性，使得大学生在专业学习的过程中也能够得到全面的思想引领。这不仅有助于大学生树立正确的世界观、人生观和价值观，也有利于他们成为自觉践行社会主义核心价值观的新时代好青年。

党的十八大提出，倡导富强、民主、文明、和谐，倡导自由、平等、公正、法治，倡导爱国、敬业、诚信、友善，积极培育和践行社会主义核心价值观。社会主义核心价值观回答了我们要建设什么样的国家、构建什么样的社会以及培育什么样的公民的重大问题。

富强、民主、文明、和谐是我国在社会主义初级阶段的奋斗目标，体现的是社会主义核心价值观在我国发展目标上的规定，是立足国家层面提出的价值目标。在当代中国，实现国家昌盛、人民幸福和民族复兴，不仅符合近代以来中国人民的共同愿景，也是一个能够凝聚起中国亿万人民群众智慧和力量的宏伟目标。

自由、平等、公正、法治体现的是社会主义核心价值观在价值导向上的规定，是立足社会层面提出的价值取向，反映了社会主义社会的基本属性，是我们党和国家始终奉行的核心价值理念。中国共产党是马克思主义政党，马克思主义追求的终极目标是人的自由和全面的发展，党从成立之初就将其写在自己的旗帜上，并为之不懈奋斗，极大地推进了人民的自由和平等以及社会的公正和法治。

爱国、敬业、诚信、友善体现的是社会主义核心价值观在道德准则上的规定，是立足公民个人层面提出的价值准则，体现了社会主义价值追求和公民道德行为的本质属性。《公民道德建设实施纲要》实施以来，党中央多次提及公民道德规范方面的内容。爱国、敬业、诚信、友善涵盖了社会主义公民日常行为各个环节，涉及个人品德、家庭美德、职业道德、社会公德各方面，汇集了中华民族传统美德、中国共产党人革命道德和社会主义道德的精华，具有很强的全面性和系统性。

高校要深入学习贯彻社会主义核心价值观，将其内化为每位大学生的自觉行动，共同为实现中华民族伟大复兴的中国梦而努力奋斗。从这个意义上说，社会主义核心价值观是我国社会发展的重要指引，也是全体中国人民共同的精神支柱。在党的领导下，必将凝聚起整个民族和全体人民的智慧与力量，不断书写中国特色社会主义伟大事业的新篇章。

（三）道德熏陶

1. 道德素养

道德作为一种内在的意识形态，是社会长期发展的过程中逐步形成的，用于指导人的自身行为并对整个社会生活进行调整和规范的内心准则。它在人类历史长河中扮演着举足轻重的角色，不仅关乎个体行为的正确与否，还关系到整个社会的和谐与进步。

道德在人类社会具有重要的地位，它对个体行为的评判与规范有助于增进人民的幸福感和促进社会的和谐发展。道德的发展不仅体现在伦理观念的不断演进上，还表现在道德规范的充分完善上。在我国，传统道德观念与现代法治观念的有机结合，为构建社会主义现代化国家提供了有力的道德支撑。

道德素养是人类在生产和生活中形成的道德品质和具备的道德能力，它是体现人类整体品质的一个重要方面。道德素养的高低直接影响着一个人的品质评价，道德素养较高的人不仅具备丰富的道德知识，还能将道德规范付诸实践，并在过程中保持相对稳定的心态。

道德素养由道德认知、道德情感、道德行为、道德动机、道德意志和道德信念六个方面组成，这些要素相互联系、相互影响，共同构成了一个人的道德品质。

道德认知是人们对道德规范、价值观念和道德原则的认知与理解，是道德行为的基础。

道德情感是人们在面对道德问题时所产生的情感体验，如愧疚、自豪等，对道德行为具有驱动作用。

道德行为是人们在实际生活中遵循道德规范所表现出的行为举止，是道德品质的直接体现。

道德动机是驱使人们产生道德行为的内心动力，体现了道德行为的自觉性。

道德意志指人们在面临道德抉择时所表现出的坚定与毅力，有助于克服道德行为过程中的困难与挑战。

道德信念是人们对道德价值的信仰与信心，是道德品质的支柱。

提高道德素养，不仅有助于个体行为符合社会规范，还能促进整个社会的和谐与进步。高校应培育具有高尚道德素养的大学生，为实现中华民族伟大复兴的中国梦提供坚实的道德支撑。

2. 高校大学生道德素养培育的主要内容

在高校，道德素养的培育是一项重要的工作，对学生的全面发展具有深远的影响。

（1）道德认知的培育

在高校，道德认知的培育主要包括以下几个方面。

道德规范的教育。高校应加强对道德规范的教育，让大学生了解社会公德、家庭美德、职业道德、个人品德等方面的规范要求，引导大学生树立正确的道德观念。

价值观念的培养。高校应加强对大学生价值观念的培养，帮助大学生树立正确的人生目标，用正确的人生观审视自己的价值取向，警惕和抵制错误的人生观，注重个人发展与社会责任之间的平衡。

道德原则的教育。高校应加强对大学生道德原则的教育，让大学生了解人类道德的基本原则，如诚实、公正、尊重等，从而提高大学生的道德认知。

（2）道德情感的培育

在高校，道德情感的培育主要包括以下几个方面。

情感体验的教育。高校应加强对大学生情感体验的教育，让大学生在实践中体验到良好道德行为的美好与价值，从而提高大学生的道德情感。

情感态度的培养。高校应加强对大学生情感态度的培养，让大学生在情感体验中形成正确的情感态度，如关爱、宽容、谦虚等，从而培养大学生的道德情感。

（3）道德行为的培育

在高校，道德行为的培育主要包括以下几个方面。

道德行为的示范。高校应加强对大学生道德行为的示范，让大学生在正确的示范下体验和学习规范正确的道德行为。

道德行为的实践。高校应推进大学生道德行为方面的实践，鼓励大学生践行并体验良好道德行为的美好与价值。

（4）道德意志的培育

在高校，道德意志的培育主要包括以下几个方面。

意志品质的教育。高校应加强对大学生意志品质的教育，让大学生了解意志品质的内涵和重要性，并引导大学生培养自觉、坚定、自制等方面的意志品质。

意志能力的培养。高校应加强对大学生意志能力的培养，加强目的动机教育，通过明确目标、制定计划并严格执行来培养其意志能力。

综上所述，高校思想政治教育的道德熏陶是一项长期而又复杂的系统工程，需要高校、家庭、社会等多方面的共同努力，也需要大学生在学习和实践中不断积累与提升，通过提升道德认知、培育道德情感、践行道德行为、锤炼道德意志，形成完善健全的道德人格。

第二章 新媒体环境对高校思想政治教育的影响及新媒体时代做好思政教育工作的措施

科学技术的迅猛发展使得新媒体不仅进入人们的日常生活，成为不可或缺的一部分，也融入高校思想政治教育。在这种情况下，高校思想政治教育工作充满机遇，同时也面临着前所未有的挑战。本章将基于新媒体的内涵，探讨其对高校思想政治教育的深远影响及意义。

第一节　新媒体及新媒体时代的到来

一、新媒体及新媒体环境的内涵

新媒体一词由 New Media 翻译而来，核心落脚点在 New 一词，最早于 1967 年由美国 CBS 技术研究所所长 P. 戈尔德马克（Peter Carl Goldmark）提出，后又在 1969 年被美国传播政策总统特别委员会主席 E. 罗斯托（E. Rostow）多次使用，从此以后，“新媒体”一词就开始在美国流行。[①]

新媒体是一个相对的概念，以时间为轴线不断演变，以互联网技术和网络媒介的发展为基础。媒体前后经历了五次大变革，从报刊到广播，从电视到互联网，而如今普及的手机媒体，也被形象地称为“第五媒体”[②]。新媒体的“新”是相对于传统媒体的“旧”而言的，是一个变化的、发展的、具有历史性的动态概念[③]。着眼新媒体的发展历程才能准确地把握它的内涵，其发展主要经历了三个阶段：一是互联网发展初期（1987 年—2000 年），各大门户网站如雨后春笋般涌现，此时用户只是单纯地通过浏览网页获取信息，处于被动接收信息的阶段，信息的传播者对内容具有绝对的主导权。二是移动网络时期（2001 年—2014 年），此阶段网络媒体的交互性开始崭露头角，典型的网络平台有社区论坛、博客、QQ 等，用户可以根据自己的喜好和需求，通过关键词主动搜索信息，信息传播者和接收者的互动和分享形成一张紧密交织的社会网。手机、平板电脑等移动终端设备的出现打破信息传播的时间场所限制，使得获取信息、订购服务和娱乐消遣等可以随时随地进行，移动终端设备的便携性大幅提升了信息传播的速度，实现了知识和信息的快速传播。三是自媒体时期（2015 年至今），此阶段手机网民急剧增长，媒体在网络

① 曾来海 . 新媒体概论 [M]. 南京：南京师范大学出版社，2015.
② 沈典妹 .“第五媒体”时代高职院校大学生思想政治教育载体创新研究 [J]. 教育现代化，2019，6（90）：197-198.
③ 曲海玲 . 新媒体视角下大学生思想政治教育研究 [D]. 长春：吉林农业大学，2020.

上得到极大延伸，将众多互联网应用集成到自身的开放平台，在强大技术支撑下融合了报纸、广播、电视和传统互联网媒体功能，形成一种聚合力强大的新的媒体形式。数字化、智能化是新媒体的最突出特征，具有集文字、图像、音频、视频于一体的特点，实现万物皆可“媒”的“全媒”状态，抖音、快手等直播和短视频平台大量涌现，使得公众拥有一部智能手机就可以阅遍天下事。[①]

纵观新媒体的发展历程，新媒体在传播内容、传播方式、传播载体和传播效果等方面与传统媒体相比，都发生了根本性的变化，具有即时性、交互性、开放性和虚拟性等特点[②]。新媒体环境是基于新的媒介形态和新的传播形态，对人们的生产和生活产生影响的新的传播环境，具有信息传播的即时性、信息交流的交互性、信息的丰富性和共享性等特点。新媒体环境是新时代大学生面临的一种特殊的思想政治教育环境，在新媒体环境下，学生拥有更大的自主选择权，能更大化地实现个性化需求，对高校思想政治教育产生了不可忽视的影响。

二、新媒体的特征

（一）交互性

传统媒体的信息传递通常是单方面、线性和无选择性的，传播者对信息内容具有绝对掌控权，主要表现为在一定时段内，信息传播者将信息传递给用户，用户只能单方面被动接收信息，这种传播方式导致传播者和用户缺乏交流和互动。而新媒体与传统媒体的主要区别就是将这种单向线性传递转化为交互性传递，新媒体的交互性主要表现在以下两个层面。

第一，传播者与接收者之间关系交互化。新媒体的诞生，让人们能够通过微信、微博、今日头条等更加便捷的渠道实现信息传播，而在接收各种渠道的信息的同时，人们也成为信息的传播媒介。例如，人们能

① 于在翔.全媒体时代报纸多元化发展探索[J].中国报业(地市在线),2021(5):72-73.

② 高云，刘洋.新媒体在研究生思想政治教育中的作用研究与实践——基于校园微信公众号的应用案例[J].高等农业教育,2020(01):100-104.

够利用社交网络把了解到的信息内容与朋友们共享，这种双向甚至多向的传播模式实现了信息的交互，任何人可以同时是信息的传播者和接收者。在这种“双向沟通”中，传播者与接收者之间的关系是交互性的。

第二，传播内容实现交互化。就传统媒体而言，用户只能被动接收传播者传递的内容。而新媒体终端是一种新型载体，用户不仅能够按照自身需求选择喜欢的内容，还可以对其进行二次处理并传播，这正是新型媒介交互功能的强大优势，新媒体使信息相互融合并产生新的信息，和传统媒体比较，新媒体更容易得到用户回应，用户也能利用新媒体平台更有效率地进行信息分享。

新媒体的交互性特征鼓励学生在课堂上积极发表观点，参与课堂讨论，显著提升了学生的参与度和主体地位。

（二）开放性

新媒体的开放性主要表现为传播主体、传播对象和传播范围的覆盖面越来越广。新媒体的开放性使得每个人都能以信息制造者和传播者的“双重”身份参与传播过程，并打破了原有跨地域进行信息交流时存在的政治、经济、文化和语言等障碍，使世界上各种不同文化之间可以互相交流、自由传播。

借助新媒体平台，教师可以迅速获取最新的时事资讯、学术动态和社会热点，使教学内容更加贴近现实，更具针对性。

（三）虚拟性

新媒体的虚拟性主要体现在三个方面：一是信息传播者与接收者的身份虚拟化。就传统媒体而言，信息传播者的角色是固定的，身份、所属机构等信息都非常明确，接收者也只能通过固定的渠道获取信息。而在新媒体平台，人们在虚拟的空间中进行虚拟的信息交流，形成虚拟的人际关系，大家可以有选择地设置自己的身份信息，在虚拟的“面纱”下与别人进行自由交流，形成一种真实存在却又虚幻模糊的人际关系。二是各类信息的承载形式虚拟化。新媒体主要以无形的承载形式来对各类信息进行传递，例如，视频、音频、图像等，这种由虚拟载体所搭建的真实信息传递与传统媒体有很大不同。人们在这种虚拟形式构造的空间中获取和传递信息，使得信息交互摆脱了传统媒介的界限。三是虚拟世界与现实世界的边界被新媒体模糊化。新媒体应用遍布生活的方方面面，不仅实现了工作上的跨时空快捷信息交流，还能解决生活中的实际问题，例如，通过 App 点外卖等。微博、微信等新媒体社交平台拉近了人与人之间的距离，使人们一直处于“在线”状态，虚拟世界的界限正在逐渐消失，与现实世界融为一体。

（四）即时性

传统媒体进行信息传播，不仅要在前期进行全面的筹备，还要在后期的推广、编辑、排版等方面投入更大的成本，而新媒体的科技创新使得可以花费更少的成本，就能做到让信息在世界各地及时传递。新媒体已经做到了应用语音、视频等多元化的信息传播方式，不仅时间上传播速度快，空间上的间隔也被打破。

与传统媒体相比，新媒体最突出的特点就是速度快，做到了信息传递与接收的即时性。在任何一个网络正常的新媒体终端上无论何时都可以发布或接收信息，实现了 7×24 小时信息在线，大幅提升了信息的传播效率。人们在公交车及地铁上、吃饭时、睡觉前，甚或是排队的短短几分钟内都可以利用碎片化的时间在新媒体平台上获取信息。

（五）个性化

报纸、杂志、电视等传统媒体进行的是无差别的大众化信息传播，无法针对个体或小群体推出定制化信息服务。与此不同的是，新媒体能够为不同个体量身定制个性化的信息交流服务，可以使人们在媒介中表达意见或选择自己感兴趣的信息。此外，人们对信息具有充分的控制权，可以自主决定传递形式及具体功能，还可以对查询到的信息进行二次修改并传播，彻底改变了人们以往“被动接收”的困境。新媒体给用户带来了个性化的信息，也向用户提供了更加个性化的服务。

（六）多元化

新媒体的多元化特征主要体现在传播样态和传播方式上。新媒体融合了传统媒体的优势特征，传播样态兼具文字、图像、声音和视频，传播方式图文并茂、声色俱全、动静结合，极大地满足了大众的个性化需求。

（七）巨量化

新媒体带来信息传播的巨量化。新媒体的数据传播量之大、类别之多、处理速度之快已远远超越传统媒体，它可以做到即时、无限地扩展内容，信息量和数据类别在短短几十年呈井喷式增长且内容更新迅速。当然，在虚拟现实、人工智能等技术的迅速发展下，互联网的云储存容量得到极大拓展，可以满足新媒体日益增长的信息处理需求。

从传播速度来看，新媒体传播具有即时性和实时性的特点，信息能够在极短时间内迅速扩散至全球范围。这种快速传播的特性使得新媒体平台上的信息量呈几何级数增长，每时每刻都有大量信息涌现，也使得人们足不出户即可获取海量信息，不再受时间、地点等因素的限制。

从信息来源来看，新媒体传播的信息来源广泛。传统媒体的信息主要源于专业的新闻机构，而新媒体的信息来源则遍布全球，除了专业的新闻机构之外，政府机构、企业、个人等都可以成为信息的发布者。他们通过社交媒体、博客、论坛、新闻网站等多种渠道将事件动态、观点等实时发布在网络上，使得新媒体信息内容具有广泛性。

从传播形式来看，新媒体的传播形式多样化。除了文字信息外，新媒体还融合了图片、音频、视频等多种形式，使信息传播更加生动、直观。这种多媒体的传播方式不仅提高了信息的吸引力，也使得新媒体平台的信息量更加庞大。

从互动性质来看，新媒体的信息传播互动性强。用户不仅可以接收信息，还可以对信息进行评论、分享、转发等操作，这些互动行为进一步促进了信息的扩散。同时，用户还可以通过搜索引擎、社交媒体等工具主动寻找自己感兴趣的信息，这种主动性的信息获取方式也增加了新媒体的信息量。

（八）群体化

新媒体环境下，每个人都能够根据自己的兴趣爱好发布、查找与分享信息等，开辟属于自己的信息王国，可以分享自己的生活感悟，发表自己的观点看法,关注自己感兴趣的博主,参与自己感兴趣的话题讨论等。久而久之,在新媒体平台会形成一个个因为共同兴趣爱好而聚集在一起的特定群体,他们会互相推送相关内容进行讨论、分享和学习,甚至发起线下活动,形成相对稳定的群体。新媒体突破了传统媒体刻板的传播,既满足了大众追求自由的精神需要,又因其聚合性和群体化的特点,为志同道合的群体找到了共同归宿。

第二节　新媒体对高校思想政治教育的影响

一、新媒体环境下高校思想政治教育的现状

新媒体以其交互性、开放性、虚拟性、即时性和个性化、多元化、巨量化、群体化等特点,改变了人们的工作生活方式,在各个领域都产生了深刻的影响。新媒体环境下,高校教育必须要和新时代同向同行,充分运用新型传播技术,创新教育教学手段,借助新媒体技术的优势推动高校思想政治教育高质量发展,并与时代接轨,努力提升思想政治教育的有效性。目前,国内部分高校已经开始积极运用新媒体平台,开展思想政治教育,相关工作逐步得到落实,并取得了一定成果。然而,新媒体在思想政治教育中的有效运用并未在国内高校得到全面且深入的推广,一些高校的新媒体化思想政治教育仍处于起步阶段,各项措施尚未得到全面落实。

(一)高校思想政治教育应用新媒体的成效

1. 新媒体在高校的应用

(1)新媒体应用成为高校“新常态”

新媒体交互性、即时性的特点,使得它在教育领域迅速得到广泛应用。例如,微信群、钉钉、校园内网等新型媒介成为高校学生管理工作中的常用工具,学生利用这些平台办理请假、销假手续,教师利用这些平

台发布各类教学管理信息，比传统的面对面或纸质通知更加方便快捷。而学习通、企业微信等则成为课堂教学过程中的常用工具，教师利用它们发布讨论问题，学生通过它们完成课堂签到等。

（2）新媒体对大学生影响巨大

新媒体以其独特的交互性、开放性、个性化、多元化等特点，迅速得到大学生群体的广泛认可和接受，成为他们日常生活的重要组成部分。作为最活跃的新媒体用户群体之一，大学生的生活和学习受到新媒体广泛而深刻的影响。它不仅改变了大学生的信息获取方式，也改变了他们的社交方式和日常生活习惯。新媒体的普及和便捷性使得大学生可以随时随地获取信息，从学术前沿到新闻娱乐应有尽有，这大大提高了大学生的学习效率，扩大了其知识面。通过 QQ、微信、微博等社交平台，大学生可以更方便地与朋友、同学保持联系，分享生活点滴，这种线上社交方式不仅便捷，还能帮助大学生扩大社交圈，结识志同道合之人。然而，对新媒体的过度依赖也可能对大学生的学习生活产生负面影响，一方面导致注意力分散，影响学习效果，另一方面对身体健康产生不良影响，如视力下降、诱发颈椎病等。

针对新媒体对大学生学习和生活所产生的影响，高校应采取积极措施进行引导和管理，例如，可以开设相关课程和讲座，帮助大学生正确认识和使用新媒体。高校要充分认识到新媒体在大学生生活中的重要地位，积极探索新媒体环境下大学生思想政治教育的新模式和新方法，以更好地对大学生进行正确引导。

2. 新媒体在高校思想政治教育中的应用

新媒体在高校思想政治教育中的应用已得到较为广泛的关注和实践。新媒体的多样性和互动性为高校思想政治教育提供了新的平台和手段，使得教育内容更加丰富、教育方式更加多样、教育效果更加显著。

新媒体的应用使得高校思想政治教育的内容更加丰富多样。通过新媒体平台，高校可以发布多种形式的信息内容，如文字、图片、视频等，使得教育内容更加生动、形象、有趣。同时，新媒体的互动性也使得大学生可以参与思想政治教育，通过评论、转发等方式表达自己的观点和看法，使得教育内容更加贴近大学生的实际需求。

新媒体的应用使得高校思想政治教育的方式更加多样灵活。通过新媒体平台,高校可以开展多种形式的思想政治教育活动,如在线讨论、主题班会、知识竞赛、实践展示等,使得教育方式更加贴近大学生生活。同时,新媒体的即时性也使得高校可以及时掌握大学生的思想动态,及时发现和解决大学生在思想方面存在的问题,提高思想政治教育的针对性和实效性。

然而,新媒体在高校的应用也存在一定的挑战和困难。一方面,新媒体信息量大、传播速度快等特点使得信息质量良莠不齐、真伪难辨,需要高校进行筛选与把关;另一方面,新媒体的交互性和即时性也使得大学生的思想动态和行为表现更加难以掌握,需要高校进行有效引导。

综上所述,新媒体在高校思想政治教育中具有广泛的应用前景和价值,但其应用也需要高校进行有效引导和管理。未来,随着技术的不断发展,新媒体在高校思想政治教育中的应用也会越来越广泛和深入。

3. 新媒体在高校思想政治教育中的应用成效

新媒体在高校思想政治教育中的应用形成了矩阵效应,主要体现在以下几个方面。

信息传播即时与广泛。通过新媒体平台,高校可以迅速发布和传递思想政治教育相关信息,大学生也可以即时接收并参与互动。这种即时性和广泛性使得信息传播更加快速、高效,能够迅速覆盖更广泛的大学生群体。

教育资源共享与互补。新媒体平台上的各种信息来源和教育主体,如学校、教师、学生组织等,都可以发布和分享思想政治教育资源。这些资源可以相互补充和借鉴,形成多元化的教育内容,满足不同大学生的需求。

互动性与参与性增强。新媒体平台为大学生提供了更多互动和参与的机会,大学生可以通过评论、转发、点赞等方式参与讨论、表达观点,与教育者和其他大学生进行交流。这种互动性和参与性的增强有助于提高大学生学习的积极性与主动性,促进高校思想政治教育的深入开展。

服务个性化与教育定制化。新媒体平台可以根据大学生的兴趣、需求和特点提供个性化的服务和定制化的教育。例如,根据大学生的搜索记录与阅读习惯,推送符合其性格特点、学习需求的信息内容,提供定制化的学习计划与指导等。这种个性化服务与定制化教育有助于提升高校思想政治教育的针对性与实效性。

综上所述，新媒体在高校思想政治教育中的应用通过形成矩阵效应，实现了信息传播即时与广泛、教育资源共享与互补、互动性与参与性增强、服务个性化与教育定制化等多方面的优势和价值，这为高校思想政治教育带来了新的机遇和挑战。高校应积极探索和创新思想政治教育教学方式，充分利用新媒体的优势，提高思想政治教育的质量和效果。

（二）高校思想政治教育应用新媒体的不足

1. 高校思想政治教育新媒体应用不够

传统的高校思想政治教育方式如课堂讲授、讲座讲授等，虽然在一定程度上开展了思想政治教育工作，但它的显著弊端是教师讲、学生听，信息传递方式较为单一，而且这种传统方式囿于时间与空间的界限，无法全面覆盖学生的日常生活，相比之下，新媒体具有信息多元、传递及时、覆盖面广、互动性强等特点。目前，新媒体平台的建设与应用已成为各行各业发展的必备手段，如果高校能利用好新媒体平台，将极大提升思想政治教育的效果。

然而，我国部分高校对新媒体在思想政治教育领域的应用存在思想传统、认识不足、接受程度不高等问题，认为新媒体使用并非教学任务的核心内容，可有可无，在实际工作中依旧偏好采用传统模式，导致高校思想政治教育工作在新媒体领域的拓展不足，不能很好地适应时代发展的需求。也有部分高校虽然认识到新媒体的重要性，但在实际操作中却面临能力欠缺的问题，他们对使用新媒体可能带来的风险预判不足，导致在面对新媒体应用时采取规避的态度。这些情况都阻碍了高校思想政治教育工作效果的有效提升。

2. 高校思想政治教育新媒体平台建设不足

平台建设是通过新媒体进行思想政治教育的前提条件,但目前高校在此方面的基础设施建设总体不够先进,部分高校还存在一些短板,教育效果还有较大提升空间,这些短板主要表现在以下几个方面。

首先,部分高校思想政治教育新媒体平台建设较为简单,在设计和内容上不能吸引大学生的关注,存在内容不生动、点击量和浏览量低等情况,使得预期的宣传教育效果无法达到。

其次,部分高校思想政治教育新媒体平台技术力量不强、专业人才匮乏、运行效果较差。技术应用缺乏专业性和创新性,在面对不断变化的教育环境和学生需求时,难以作出及时有效的应对。当前高校缺乏新媒体专业技术人才,更缺乏精通思想政治教育理论的新媒体专业技术人才,导致新媒体运营能力不足,应用效果大打折扣。

再次,部分高校思想政治教育新媒体平台还存在部门壁垒,各运营部门网站各自为政,相互之间没有达成高度协同。要利用新媒体来引导高校学生更好地进行思想政治理论学习、关注校园生活、关注社会热点,就要形成教育合力,以实现教育目标。

最后,部分高校思想政治教育新媒体内容缺乏实效性。很多高校都搭建了新媒体平台,开辟了多个功能模块,但平台内容不能及时更新,交互性得不到充分体现,难以调动学生兴趣,新媒体作用得不到有效发挥。

3. 高校思想政治教育新媒体管理机制不完善

部分高校思想政治教育的新媒体应用存在责任监管机制不完善、平台运行维护机制不健全、缺乏教师新媒体技能学习和评估系统等问题。高校应加强对相关规章制度的建立健全,使新媒体平台能够健康运行。

二、新媒体环境下高校思想政治教育的机遇

（一）提升思想政治教育效果

新媒体的普及使得大学生获取信息的渠道更加广泛，学习途径更加多样，学习方法更加灵活，极大地满足了新时代下高校学生的成长发展需求，便于其提高各方面能力。在思想政治教育过程中，利用智能网络还能够实现跨空间学习，学习效果更好。高校思想政治教育工作者要充分利用网络平台，提高思想政治教育效率和效果。

（二）增强思想政治教育主客体信任感

建立主客体之间的信任是思想政治教育的关键，而主客体之间的信任问题一直以来都是影响思想政治教育工作有效开展的关键。在传统模式之下，师生之间有一定的距离感，学生大多不愿向教师分享自己的真实想法，也不愿和教师进行深度沟通交流，教师有时也无法真正了解学生的诉求与状况，这种情况影响了高校思想政治教育工作的有效开展。新媒体有助于打破师生之间的隔阂，增强师生之间的信任感。例如，学生可以利用新媒体的虚拟性，匿名发表言论和提问，教师在了解学生心理问题之后也方便有针对性地对学生进行思想引导。这种非面对面的交流缓解了直面沟通可能会给学生带来的尴尬紧张与心理压力，帮助学生放松心情，化解不良情绪，使得学生能够畅所欲言，教师也能够更加了解学生，从而使师生之间的关系更加亲密。师生之间这种亦师亦友的和谐关系将帮助学生在心理上摆脱对教师的抗拒与排斥，增加彼此之间的信任。

（三）提高思想政治教育实效与时效

高校思想政治教育的关键在于师生之间及时有效的沟通交流，只有这样，教师才能准确了解学生的思想动态，感受学生的内心情感，抓住学生的发展变化，根据其发展规律来开展有针对性的思想政治教育。然

而，传统模式下的思想政治教育，教师仅在课堂传授理论知识，受课堂空间和时间所限，学生与教师的交流也有限，造成沟通滞后。新媒体环境下，大学生可以通过多种渠道与教师取得联系，教师得以及时掌握学生心理动态并解决学生出现的问题，这就有效提高了思想政治教育的时效，同时，这种畅通的互动使得学生更加信任教师，也进一步提高了思想政治教育的实效。

新媒体技术和信息传播搭建了一座连接真实与虚幻的沟通桥梁，极大地改善了师生之间的日常交流。在这种环境下，大学生可以在网络空间畅所欲言，教师则可以通过网络手段走近大学生，及时掌握他们的心理动态和真实想法，以此加强思想政治教育的时效与实效。

三、新媒体环境下高校思想政治教育的挑战

马克思主义辩证法认为任何事物都包含两个方面，这两个方面既对立又统一，既有斗争性又有同一性，新媒体也是如此，其独特的优势使它能够更好地适应人们的实际需要，加速社会的发展。然而，对于情感心理尚不成熟、思想意志不够坚定、价值观尚未成型的大学生来讲，新媒体的出现给他们带来了严峻的考验。同时，新媒体也为高校开展思想政治教育带来了一定的挑战。

（一）高校思想政治教育传统模式受到冲击

新媒体技术的快速发展使得它在教育领域的应用范围也得到不断拓展，而在其发展过程中，传统教学内容陈旧、教育方式单一等弊端也逐渐显现，传统教育模式受到极大的冲击。

传统模式下教学资源存在更新滞后、内容受限等缺点。新媒体的信息巨量化使得高校思想政治教育教学资源得到不断补充和丰富，提高了教育的有效性。大学生能通过在众多信息中检索关键词，迅速找到自己所需要的内容，并因此提高了学习主动性。这种现象对传统教育模式造成不小的冲击，高校思想政治教育应与时俱进，紧跟时代发展的脚步，积极应对新媒体时代提出的更高要求。

传统模式下的思想政治教育一般通过课堂教学、主题班会等形式开展，形式单一，育人效果不够理想，无法满足新时代高校大学生的需求。

新媒体的多元化打破了传统模式，让思想政治教育的形式更加多样，学生学习渠道更加广泛，教育主客体能够在平等的氛围中进行沟通交流，距离被进一步拉近，身份界限逐渐模糊，交流方式更加多样，增强了教育的实效性和针对性。大学生也可以通过新媒体参与思想政治教育活动，其不仅是学习者，还是参与者，甚至是活动的设计者。这进一步提升了他们的学习内驱力，受到大学生的广泛欢迎。当然，这也对高校思想政治教育工作者的教学与组织能力提出更高标准和要求。

新媒体的虚拟性极大地提升了大众传播信息的自由度和意愿，但也为恶意传播者提供了保护"面纱"，导致一部分大学生容易沉沦网络虚拟世界，受不良信息的影响，出现价值观偏离等现象。这就要求高校更加关注大学生的思想，及时了解他们的思想动态，防止他们受负面信息影响而出现不当行为。

（二）高校思想政治教育信息环境趋于复杂

新媒体在教育、生活领域中的大量应用在一定程度上改变了大学生的思维和生活方式，为了大学生的思想和身心健康，高校的信息化建设被赋予了更高的要求，面临着严峻的考验。

首先，新媒体信息来源难以管理。新媒体的虚拟性特点使得其极易产生虚假和不良信息，加之新媒体可以任意传播和修改信息，这就使得信息的来源变得更加模糊和难以管理。与真实的实体环境相比，新媒体环境更加开放，信息能够实现无障碍传播，一些造谣生事者借机捏造虚假、暴力等负面信息并肆意传播，却较难查出信息发布来源。

其次，新媒体监管机制有待改进。新媒体的快速传播性使得未经证实的信息会被直接转发并快速扩散，其中的负面信息会给大学生的价值观塑造带来消极影响，侵蚀其思想，弱化高校思想政治教育效果。对此，大多数高校采取的都是事后拦截或删除信息的措施，然而这种手段虽然看起来简单有效，却极易引起大学生群体的不满并造成信任危机，因此，高校需要健全新媒体的信息监督机制，防患于未然。

最后，新媒体信息内容难以掌控。新媒体平台降低了信息发布的准入门槛，任何人都可以成为信息的提供者和发布者，一些人为了吸引关注，故意制造噱头，将歪曲的事实和扭曲的价值观编纂成吸引人的故事情节进行传播，而大学生的人生观、世界观、价值观正处在成形的关键时期，好奇心重，极易被这些包装后的“毒信息”所吸引，因为大学生辨识能力不足、认识能力不够，不仅思想容易受到影响，甚至会产生错误认知。因此，高校要加强对大学生新媒体使用的引导和管理，充分发挥新媒体在思想政治教育中的优势，减少其带来的负面影响。

第三节　新媒体环境下加强高校思想政治教育的意义

一、新媒体的多元化有利于提升思想政治教育效果

新媒体在思想政治教育领域的应用正在逐渐改变传统的教育模式，这种改变表现在教育内容、教育方式和教育效率等多个方面。新媒体的多元化特点使得教育内容更加丰富立体，教育方式更加多样生动，教育效率更高。

首先，新媒体技术为教育内容带来了全新形态。传统的教育内容主要依赖课本、教室等媒介，而新媒体技术可以将教育内容以多样的形式呈现，如音频、视频等，使得教育内容更加生动、形象，有利于加深学生对学习内容的理解。

其次，新媒体技术为教育方式带来了巨大变革。传统的教育方式主要依赖课堂讲授，而新媒体可以通过网络平台开展线上教育活动，如网络直播、远程教育等，还可以发布在线投票、抢答等活动，使得教育方式更加灵活多样，有利于提高学生的学习兴趣。

再次，新媒体技术为教育效率带来了显著提升。传统的教育方式往往需要教师花费大量时间、精力来开展教学前的准备工作和教学后的统计工作，而新媒体可通过自动化教学工具，如在线教育平台、智能教学系统等，提高教学效率，降低教师的劳动强度。

最后，新媒体技术为思想政治教育提供了新的发展空间。在新媒体环境下，思想政治教育可以通过网络平台开展多种活动，如在线讲座、在线讨论、在线实践等，这使得思想政治教育形式更加生动活泼，有利于提高学生的参与度。

新媒体在教育领域的应用为高校思想政治教育带来了全新发展机

遇，高校应积极拥抱新媒体，充分利用其多元化优势，推动思想政治教育的开展。同时高校也要看到其多元化带来的全新挑战，如信息过量、网络安全等问题，并积极加强应对。

二、新媒体的交互性有利于创新思想政治教育方式

在高校传统思想政治教育模式下，由于身份的不同，教师和学生之间往往存在一定隔阂。传统的思想政治教育是建立在课堂和书本之上，主要通过宣讲的方式来进行，教育主体与客体之间更多是一种知识传输与被动接受的模式，使得思想政治教育的空间变得狭窄。新媒体的出现改变了这一局面，其灵活的交互性使得新媒体平台成为一种崭新的工作载体，为思想政治教育提供了新的教学方式和途径。教师可以利用它为教师与教师、教师与学生之间搭建一个自由平等的交流平台，在这个平台上，学生不再处于被动地位，而是转变为与教师拥有同等发言权的教育主动参与者。他们可以从自身视角出发阐述其所期待的教学内容与方式，并与他人进行自由互动，教师也可以参考学生的建议以及课堂情况来改变教学方式。这种方式既适应了当代大学生崇尚自由、渴望参与的心理要求，增强了学生的学习积极性与自主性，也提高了思想政治教育的效果。

与传统的思想政治教育模式相比，新媒体的交互性特点助力高校思想政治教育的方式更加丰富、手段更为灵活，可以更好地激发大学生的想象力和求知欲，调动他们的学习积极性与自主性。因此，高校应积极利用好新媒体，大力创新思想政治教育方式，提高教育效果，培养具有创新精神和实践能力的高素质人才。

三、新媒体的开放性有助于培养学生自主学习能力

新媒体的开放性使得大学生可以更加方便地获取信息，并通过新媒体进行自主学习。这种自主学习方式一方面可以增强学习兴趣、激发学习动力、提高学习效率，另一方面可以增强学生的效率观念，竞争与创新意识，有利于学生提升自身竞争力。此外，新媒体使得大学生可以自由表达自己的观点与看法，这种轻松环境有助于他们培养独立思考能力，增强自主创新意识。综合运用新媒体，对于培养大学生的独立性、自

主性和创新性等主体性品质，实现思想政治教育的最佳效果具有积极的促进作用。

新媒体的开放性使得大学生有了更多交流机会，一方面有助于提高其沟通能力，另一方面也有助于培养其协作能力，从而提升综合素质。当然，新媒体的开放性反过来也要求高校要注重及时掌握大学生的思想状况，对可能出现的负面消息要及时加以规避，防止学生思想受到不良影响。高校要合理利用新媒体，培养具有独立性、自主性、创新性等主体性品质的大学生。

第四节　社交媒体与高校思想政治教育互动的影响

随着信息技术的发展和互联网的普及，社交媒体作为一种新型的传媒形式已经成为人们获取信息和沟通交流的重要渠道。对于大学生而言，社交媒体不仅仅是生活的一部分，更是一种重要的思想文化载体，也是一种自主学习渠道。然而，社交媒体信息的广泛传播也给大学生的思想观念、社会价值观念等带来了深刻的影响，从而为高校思想政治教育带来了新的机遇和挑战。为了引导大学生正确使用社交媒体，促进其健康成长和全面发展，高校思想政治教育需要加强对社交媒体的引导和管理，建立完善的机制和体系，以确保社交媒体对大学生的影响是积极的。

一、社交媒体在高校思想政治教育中的角色定位

社交媒体是一种基于互联网的在线社交平台，如微博、微信、抖音、照片墙（Instagram）、推特（Twitter）等，它为用户提供了各种功能，如文字、图片、音频、视频、直播等，可以让用户随时随地与朋友、同事、家人、明星、名人等进行交流和互动。作为一种新兴的信息传播方式，社交媒体在高校思想政治教育中扮演了重要角色，为思想政治教育的开展提供

了新的平台和载体，有力地推动了高校思想政治教育的创新和发展。① 首先，社交媒体为高校思想政治教育提供了新的信息传播渠道。传统的高校思想政治教育主要依靠教师授课、学生听讲的方式进行，而社交媒体则可以将思想政治教育的内容和理念传递给更广泛的受众，提高教育的普及性和影响力。同时，社交媒体可以促进高校师生之间的交流和互动。高校师生可以通过社交媒体建立互动平台，分享自己的思想观点、经验和感受，互相学习和交流。这不仅能够提高学生的思想素质和自我认知水平，还可以促进学生之间的情感交流和团队合作。另外，社交媒体可以扩大高校思想政治教育的内容和形式。高校思想政治教育的内容和形式常常受到限制，难以适应大学生的需求和实际情况。而社交媒体提供了多种形式的内容呈现和交互方式，不断促进高校思想政治教育教学工作的信息化发展。

二、社交媒体与高校思想政治教育之间互动的影响分析

高校思想政治教育是大学教育的重要内容之一，旨在培养大学生的思想觉悟、道德修养和社会责任感，以提高大学生的综合素质和发展潜力。高校思想政治教育的主要任务是引导大学生树立正确的世界观、人生观和价值观，培养他们的创新精神和实践能力，为他们的未来发展提供坚实的思想基础和道德支撑。社交媒体与高校思想政治教育的互动，对高校大学生的思想观念和学习行为产生了一定的影响。

（一）信息多元化，影响学生思想观念

社交媒体具有传播速度快、影响力大的特点，能够迅速传递各种信息和思想观念，对高校大学生的思想观念产生深远影响，这种影响带有“双重”属性。例如，大学生会在社交媒体接触到多元化信息和思想，这些信息可能会对他们的思想观念产生不同维度的影响，在丰富大学生的思想观念和见识的同时也可能带来负面情绪，从而影响到他们的学习和行为。部分大学生可能会被社交媒体上的各种流行话题和观点所带动，盲目追随和模仿，从而影响到自身的价值观和人生规划。

① 张静．社交媒体与高校思想政治教育互动的影响研究[J]．当代教研论丛，2023,9（08）：111-113.

(二)使用便捷化,影响课堂教学效果

社交媒体具有使用便捷化的特点,可以实现随时、随地使用,这也对高校思想政治理论课堂的教学产生双重影响。一方面,教师通过社交媒体可以为学生提供更多的课外知识和学习资源,引导学生在课内课外学习中提高学习效果,丰富知识面。另一方面,部分学生可能会在课内课外频繁使用社交媒体,但由于自控能力较弱导致分散注意力,将学习的时间和精力花费在一些信息浏览和游戏互动中,从而影响到课堂教学的效果和质量。

三、构建社交媒体与高校思想政治教育之间良性互动的策略

通过分析可知,社交媒体与高校思想政治教育的互动对高校大学生的思想观念和学习效果有“双重”影响。为保证社交媒体与高校思想政治教育的互动效果能够更好地被发挥,高校及相关部门应当加强对社交媒体的引导、管理和监督,确保社交媒体内容的合法性和道德性,并指导大学生合理利用社交媒体资源开展学习,促进他们思想素质和综合素质的提升。具体而言,高校可通过以下四个方面着手。

(一)引导学生理性使用,利用社交媒体优势开展学习

鉴于社交媒体使用的便捷性,学生在生活和学习中的使用频次极高,且涉及的社交媒体门类较多,在构建良性互动机制的过程中,高校思想政治教育首先应引导大学生理性使用社交媒体,避免被社交媒体的低俗、虚假等不良信息所影响,从而减少社交媒体对他们的消极影响。也就是说,高校应该加强对大学生的思想教育,引导学生明确社交媒体的优缺点,提高学生对社交媒体的警惕性和自我保护能力,从而更好地利用社交媒体的优势。基于此,高校应当通过建立专门的思想政治理论课程和网络教育平台,通过思想政治理论课程、网络安全教育和实践教育等方式实现对大学生理性使用社交媒体的引导,培养他们的网络安全意识和信息素养,促进他们思想觉悟和综合素质的提高,为大学生的未来发展提供坚实的思想基础和道德支撑。

第一，通过思想政治理论课程引导学生理性使用社交媒体。思想政治理论课程需围绕社交媒体设计教育专题，整合中国特色社会主义理论、社会主义核心价值观、法律法规、职业道德等内容，在强化学生思想认识的基础上，提高其对社交媒体的警惕性和自我保护能力，避免社交媒体对学生的负面影响。在此过程中，高校应特别强调培养大学生正确的价值观，避免其受到社交媒体低俗、虚假、不良信息的影响，让大学生建立自己的正确价值观，坚定自己的信仰和立场。与此同时，高校可通过多种形式的实践教育，如社会实践、社交媒体使用体验、网络安全演练等活动，加强对大学生理性使用社交媒体的引导。为此，高校可鼓励大学生积极参与各类实践活动，提高他们的实践能力和自我保护能力，并加强对大学生实践活动的管理和监督，保证他们的安全和权益。另外，高校还需引导大学生学习信息评价和筛选方法，提高对信息的辨别和判断能力，培养理性使用社交媒体的能力。

第二，通过网络安全教育加强对学生安全意识和自我保护能力的培养。随着互联网的普及和应用，网络安全问题已经成为社会面临的一大挑战。尤其在高校，大学生作为互联网使用的主力军，网络安全问题对于他们的身心健康、个人隐私和财产安全等产生了深刻的影响。为了加强对大学生的网络安全教育，增强他们的安全意识和自我保护能力，高校应当通过合理、科学、多样化的网络安全教育方法，有效提高大学生的网络安全素养。例如，通过线上网络安全课程，让大学生了解网络安全的基础知识和相关法律法规，增强他们的网络安全意识和自我保护能力。通过线下网络安全讲座，让大学生了解网络安全的常识和相关案例，提高他们的网络安全素养和防范能力。通过网络安全知识竞赛，增强大学生的学习兴趣和动力，扩展他们的网络安全知识，提高其应对能力。当然，高校还可以根据学生的不同需求和特点，进行个性化的网络安全指导和辅导。总之，要通过多样化的教学互动让大学生掌握正确的网络使用方法，学会如何使用安全密码、防病毒软件等网络安全工具，减少网络攻击和欺诈的风险。

（二）筛选推广优质信息，通过社交媒体营造学习氛围

筛选和推广优质信息是高校思想政治教育对社交媒体引导和管理的重要组成部分，借此可以引导大学生接触有价值、有深度、有思考的

信息，促进他们思想觉悟和综合素质的提高。例如，高校可以与社交媒体平台合作，建立专门的网络教育频道或思想政治理论课程，发布与高校思想政治教育相关的信息，为大学生提供丰富的学术资源、文化活动和社会实践等内容，营造浓厚的学习氛围，促进大学生的思想觉悟和综合素质的提高。具体措施如下：

第一，建立专门的网络教育频道，为学生提供各类学习资源和信息。例如，“学术资源”频道可以发布高质量的各类学术资源，如学术期刊、学术论文、学术报告等，资源涵盖多个学科领域，有较强的学术价值和启示意义，能够提升学生的学术水平和学术素养。再比如“文化活动”频道发布各类文化活动信息，如书法比赛、诗歌朗诵、音乐比赛等，这些活动能够提高学生的文化修养和审美能力，培养学生的文化和艺术素养。另外，“社会实践”频道可以发布各类社会实践信息，如公益活动、志愿服务、实习等，这些实践活动能够提高学生的实践能力和自我认知水平，增强学生的社会责任感与创新精神。

第二，通过思想政治理论课程推广优质信息。例如，通过法律法规、职业道德等思想政治教育帮助学生树立正确的价值观和世界观，提高学生的思想觉悟和道德素养。让学生学习法律法规，如宪法、刑法、民法等，了解维护国家法制和社会稳定的重要保障，提高学生的法律意识和法治观念；学习廉洁、勤政、公平、公正等职业道德，提高学生的职业素养和职业道德观念。与此同时，高校还应设置信息素养、信息管理等相关课程，让学生了解如何通过网络平台筛选、利用和推广优质信息，从而更加方便地获取相关信息。

（三）确保内容合理合法，借助社交媒体培养思想素质

随着互联网技术的发展和社交媒体的普及，网络信息传播已经成为现代社会不可或缺的一部分。然而，社交媒体的使用也出现了一些问题，如虚假信息、侵犯个人隐私、网络欺凌等，给社会治理和公共管理带来了一定的挑战。为了加强对社交媒体内容的监管，建立专门的网络监管机制已成为必要的措施之一。鉴于此，监管社交媒体内容的合法性和道德性就成为高校思想政治教育对社交媒体的引导和管理的重要组成部分，高校通过监管社交媒体内容的合法性和道德性，可以引导大学生认识到社交媒体对社会和个人的影响，增强他们的法律意识和社会责任

感，促进他们思想觉悟和综合素质的提高。为此，高校可以加强与社交媒体平台的合作，共同开展内容监管和诚信管理，加强对违规信息的监管和处理，避免社交媒体上出现违法、不良的内容和信息。通过建立健全的内容管理机制，保护学生的合法权益和社会公共利益。在具体的实施过程中，高校可通过思想政治理论课和建立网络监管机制两种方式引导大学生认识到社交媒体对社会和个人的影响，增强他们的法律意识和社会责任感，促进他们思想觉悟和综合素质的提高。

第一，通过思想政治理论课加强学生对社交媒体的认识和理解。随着社交媒体的普及和发展，越来越多的人开始在社交媒体上交流、分享和获取信息。然而，社交媒体上也出现了诸如信息失真、隐私泄露、网络暴力等问题。在加强学生对社交媒体的认识和理解，提高他们的网络素养和防范能力方面，思想政治理论课可以起到非常重要的作用。社交媒体的使用需要遵循一定的规则和标准，高校可通过思想政治理论课引导学生理性使用社交媒体，避免负面影响。为此，高校可以在思想政治理论课中设置社交媒体相关课程，让大学生了解社交媒体的基本知识、使用规则、优势弊端等相关内容。同时，学校可组织大学生进行社交媒体主题讨论，让他们分享和交流自己使用社交媒体的经验和体会，加深他们对社交媒体的理解和认识；另外，可以开展社交媒体相关活动，如微博互动、公众号推广、短视频创作等，让大学生在实践中加强对社交媒体的认识和理解。除此之外，高校还可以借鉴案例教学法，通过分析社交媒体事件的典型案例，让大学生更加深入地了解社交媒体的利弊和使用规则，加强他们对社交媒体的认识和理解。当然，思想政治理论课还可以融合相关教育主题，将网络安全法、信息安全管理制度等相关法律法规作为专题，引导大学生认识到社交媒体对个人隐私和信息安全的威胁，增强他们的网络安全意识，提高他们的个人信息保护能力，有效防范和应对网络安全威胁。

第二，建立专门的网络监管机制，加强对社交媒体内容的监督和管理。例如，建立网络监管小组，负责对学生在社交媒体上发布的公开内容进行监管，保障社交平台上传播内容的合法性、真实性和道德性。一方面，高校应要求学生在社交媒体平台发布内容时必须遵守相关法律法规、社会公德、职业道德与伦理道德等，不得发布违反社会公序良俗的内容，不得有恶意攻击、诋毁、歧视等内容。另一方面，高校要对学生发布的内容进行审核和监管，确保学生在社交媒体平台公开发布的内容不违法、不会引发不良影响。为此，高校应制定网络监管规章制度，明确网络监管的目的、范围、职责和权限等内容，同时还要应用网络监管工具，如网络防火墙、流量监测系统、内容过滤器等，对网络信息进行监督和管理。另外，高校应加强对网络监管人员的培训，提高网络监管人员的专业水平和监管能力，保障高校网络信息的安全和稳定，防范网络信息泄露和网络攻击。

总之，社交媒体在对大学生思想观念和价值观念的影响方面具有独特的作用，高校思想政治教育应充分认识到这一点，并采取有效的引导和管理措施以确保社交媒体对大学生产生积极影响。同时，高校思想政治教育也需要加强自身建设和发展，提高教育质量和效果，以更好地满足社会和学生的需求。可以说，在社交媒体的普及和影响下，高校思想政治教育的引导和管理已成为一项紧迫而重要的任务。高校需要加强大学生网络素养和信息筛选能力的培养，引导他们正确使用社交媒体，增强他们的社会责任感和法律意识。同时，高校还需要建立完善的网络安全保障体系，确保大学生在社交媒体上的信息安全。在实践中，高校思想政治教育还需要注重与时俱进，根据社交媒体的发展和变化，不断完善引导和管理措施，以适应新形势下高校思想政治教育新的需要。

第五节　新媒体时代做好高校思想政治教育工作的措施

一、改变传统思想政治教育模式

随着科学技术的不断发展，新媒体已经逐渐渗透人们生活的各个方面，对大学生的影响非常深远。高校思想政治教育工作者在实际教学中应不断提高自身修养，适应时代对教育工作的新要求。传统学术理论教学脱离学生现实生活，不能贴合当前时代发展需要，要想提高教育成效，教师应有效运用新媒体技术，将其合理引入思想政治教育课程，增强课程的丰富性和生动性，以规避枯燥的传统教学方式。同时，教学可加入生活元素，贴近学生的生活和学习，引导学生积极表达自己的观点，从而高效开展思想政治教育工作。[①]

二、合理利用新媒体优势开展教学工作

鉴于新媒体已逐渐成为大学生获取信息资料、进行社会交往以及讨论社会热点的主要渠道，高校教师应紧跟时代发展，深刻认识新媒体对大学生产生的影响，将思想政治教育理论课程和新媒体技术紧密结合，用大学生喜闻乐见的新媒体形式介绍理论知识，寓教于乐，提升教学效果，提高大学生学习的积极性和参与度，促进大学生正确思想观念的形成。因此，高校应深入分析并寻求合适的新媒体平台，深入挖掘可用资源，利用新媒体平台宣传优秀传统文化、先进人物事迹，传播正确的学习方法，也可以转载人民日报、共青团中央等官方媒体的文章、视频等，为大学生推送优质学习资料。如哔哩哔哩的“青马先声”，主要传播马克思主义学术信息，视频内容大多是各大高校名师的马克思主义课程和讲座，包括高校马克思主义学院院长和工作者对党史和马克思主义理论的深刻解读，知识普及效果较好。高校思想政治工作可借鉴此类优秀账号的传播模式，让大学生更好地学习思想政治理论。与此同时，应当注重加强对新媒体信息的监管，确保大学生接收的信息符合社会主义核心价值观。

三、从素质教育角度开展思想政治教学

大学生若缺乏科学合理的思想判断，面对良莠不齐的海量信息时就无法规避不良信息，导致价值观念混乱，对其自身思维发展和思想体系建立会产生负面影响。新媒体功能越来越多样化，在平台上可以实现购物、娱乐、学习等多元化体验，部分自制能力较差的大学生甚至终日沉迷抖音等短视频平台，时间被大量浪费。鉴于此，高校应重视大学生综合素养特别是网络素养的提升，完善相关教育内容和实施办法，通过讲座或选修课的形式，开设相关教育课程，帮助学生增强辨识能力，形成健全人格，树立正确三观，制定人生发展规划。高校要培养大学生的高尚品质，让其养成良好的生活习惯，摆脱不良情绪的干扰，规避不良信

① 张静．新媒体对高校思想政治工作影响研究[J]．中国报业，2024（06）：86-88.

息的影响,让大学生有能力自主面对和处理繁杂的网络信息。

四、以社会主义核心价值观引领网络舆论

高校教师应研究大学生感兴趣的新媒体平台,掌握话语主导权,占领舆论导向制高点,穿插进行思想政治教育。例如,当前广受欢迎的抖音短视频里映射着社会百态,教师可利用抖音热点话题,让大学生进行分析讨论,在交流探讨中融入社会主义核心价值观的教学,对他们进行思想引导,让大学生在深入了解社会的同时接受思想政治教育,实现教与学的融合,锻炼他们的分析能力和观察能力,提高他们对思想政治理论的学习兴趣。

五、利用新媒体技术提高教师育人能力

新媒体的大量普及,给高校思想政治教育工作者的能力提升提供了契机,也使得教师面临更大的挑战。如何适应新形势,掌握新技能,是每位教师必须思考的问题。提高教师育人能力的具体措施如下。

第一,高校应加大资金投入,购置先进设备,定期组织培训,邀请专业人士讲解新媒体技术使用方法。第二,教师应转变观念,紧跟时代发展,及时更新知识储备,熟练操作各种新媒体软件和平台,掌握信息内容的主动权和主导权,通过引导技巧和网络舆情分析选择合适的教学内容,同时运用多种传播方式将信息传递至校园网络,借鉴正反两方面案例开展思想政治教育,实现教学内容的实效性和信息传播的即时性。在此期间,教师还要注重实践经验的积累,灵活应用在实践过程中学到的知识,做到活学活用。第三,高校应鼓励教师参加各项比赛,如微课制作大赛、课件设计大赛等,通过这些竞赛活动,既可以检验教师的教学水平,又可以激发教师的竞争意识,促使其努力钻研业务,不断提高自身能力。

综上所述,新媒体的兴起给高校思想政治教育带来了新的发展机遇和挑战。高校思想政治教育工作者应充分利用新媒体技术优势,从大学生的角度出发,不断丰富高校思想政治教育资源,拓宽思想政治教育渠道,实现思想政治教育与新媒体的融合,增强大学生参与思想政治教育活动的积极性与自主性,促进大学生身心健康成长。

第三章 新媒体环境下高校思想政治微课教学模式

新媒体环境下，高校思想政治微课教学模式作为一种新兴的教学方式正逐步受到教育工作者和学者的关注。这种教学模式将微课融入思想政治教育，即在高校思想政治教育中利用新媒体平台，为大学生提供生动、有趣、可互动的学习体验。在这一模式下，大学生可以更加自主地选择学习内容，从而提高学习效果。该模式也为教师提供了更加高效、便捷的教学手段。本章将具体分析新媒体环境下高校思想政治微课教学模式。

第一节　微课及微课教学

一、微课

（一）微课的概念

2008年，美国新墨西哥州圣胡安学院的戴维·彭罗斯（David Penrose）最先提出微课概念，他认为微课是利用建构主义理论进行构建的，以线上学习和移动学习为主的教学形式，是一种基于在线课程优化得到的更快捷方便的新型教学模式。①

在国内最早提出微课概念的是佛山市教育局的胡铁生，他在微课定义3.0版中提出，微课又名“微课程”，是“微型视频网络课程”的简称，它是以微型教学视频为主要载体，针对某个学科知识点（如重点、难点、疑点、考点等）或教学环节（如学习活动、主题、实验、任务等）而设计开发的一种情景化、支持多种学习方式的新型网络课程资源。②

微课的定义强调了教学视频的核心地位，它是教师在课堂实际教学中开展教与学活动的关键载体。通过简短、精练的教学视频，教师能够将知识点或教学环节生动、形象地展示给学生，使学生在短时间内快速掌握所学内容。微课不仅有助于提升课堂效率，增强学生的学习兴趣，还能有效弥补传统课堂教学的不足，提高教学效果。在当前教育信息化的大背景下，微课作为一种创新的教学模式，有望在我国教育领域发挥更大的作用。

笔者根据自身使用微课的经验，结合不同学者对微课的定义，概括微课的定义如下：“微课”主要是指针对教学中某个具体的知识点或单

① 洪岩，梁林梅．从精英到公众的开放资源：TED的发展及启示[J]．现代教育技术，2013，23（04）：12-15.

② 胡铁生．中小学微课的设计制作与评审指标解读.ppt，2013年2月28日，教育部东莞微课培训会.

个习题、实验所进行的针对性讲解，其以 2 ~ 10 分钟的视频为主要载体，是展现教学内容的教学资源。与微课教学有关的其他资源(例如，微课的教学设计、各种素材、测验、学生反馈等)也是设计与制作微课不可或缺的部分，这些资源以各种在线学习平台或微博、微信等网络软件为媒介，非常方便地实现了传播与共享，学习者只需利用互联网和电子设备(手机、平板等)就可随时随地进行自主、个性化的学习。

(二)微课的分类

按照不同的划分标准，微课可以被分为多种类型，笔者选择了两种较为常见的分类方式进行介绍。

1. 按照教学目的分类

按照微课应用的不同教学目的进行划分，可以将微课分为讲授类、问答类、启发类、讨论类、演示类、练习类与实验类七种。一节微课可以专注一种教学目的，也可以有两种或两种以上的教学目的(例如，练习类和实验类结合)。这七种微课并非固定不变，随着教学方法与手段的创新，微课类型也应随之进行更新，在教学实践中不断得到发展与完善。

2. 按照教学环节分类

按照微课应用的不同教学环节进行划分，可以将微课分为课前预习型、课中讲解型、课后巩固型三种。

课前预习型微课：课前预习环节是教学活动中不可或缺的重要环节，有效的预习将极大提高课堂学习效率。课前预习型微课是指教师根据教学实际需要所录制的，用于正式上课之前由学生自行观看的有关本节内容的知识铺垫或背景介绍的微课。

课中讲解型微课：课堂教学是教学活动的中心环节，课堂教学的效果将直接影响到学生对知识的掌握情况。课中讲解型微课是教师为了帮助学生理解抽象概念或直观展示某些具体现象等，在课堂教学中所使用的视频微课。

课后巩固型微课：指为了帮助学生构建自己的知识体系，更好地消化和掌握教学内容，将课堂知识点进行精华提炼、归纳梳理，配以习题制作而成的由学生课后自行观看学习的微课。

教师在教学实践中往往会搭配使用不同类型的微课，以达到更好的教学效果。

（三）微课的理论依据

1. 建构主义学习理论

建构主义学习理论的核心观点认为，人们对于客观存在的原本事物和客观世界的理解与解释以及给予它们的含义都可以由个体独立决定。建构主义重视以人为中心，重视学习的主动性，认为学习过程是学生在自身已有的知识基础之上主动生成意义进行建构、“再生”或“再创造”，进而掌握知识的过程，而非被动地接受知识，强调学生才是知识加工的主体和知识意义的主动建构者，教师只是为学生提供必要协助和支持的促进者。建构主义学习理论重视“情境”在学生进行知识建构过程中所起到的作用，认为有意义的教学要给学生创设一个良好的情景，引导学生产生乐于探究的情感体验并主动进行学习，探索和建构知识，从而使学生更深刻地理解知识。

微课的主要教学形式为微视频，视频形象、直观且趣味性较强，能够为学生创设利于学习的良好情境，促使学生主动建构知识体系。学生还可按照个人需要自行选择微课学习内容，调节播放速度或是反复观看，这充分体现了学生的学习主体地位，非常契合建构主义理论中的“学生为中心”“学生学习的主动性”等理念。

2. 学习动机理论

学习动机理论认为，学生的学习动机将直接影响并决定其学习效果，在学生的身心发展中具有举足轻重的地位，好的学习动机是一段成功学习经历的前提和基础。学习动机分为外部学习动机和内部学习动机，内因是影响学生发展的第一位因素，而外因又可以对内因产生一定影响，如教师的赞许和肯定可以影响学生的学习心态，使得学生更加愿意学习，激发其内部学习动机。

基于这一理论，在进行微课设计时要注意尽可能让微课内容更加贴近学生认知和生活，例如可以采用特效把抽象难懂的概念、规律、习题转化得形象有趣，让学生学习起来更加轻松，从而激发其学习兴趣，将外部学习动机转化为内部学习动机。

3. 最近发展区理论

针对教学和发展的关系，维果茨基提出了最近发展区理论，他把学生的发展水平分为两种：一种是学生已有的水平，指现在具备的可以独自解决问题的水平；另一种是学生潜在的发展水平，指在通过教学后得到的水平。最近发展区指这两种发展水平之间的区域。他认为，教师在教学过程中必须充分考虑到学生的最近发展区，教学着眼于学生的最近发展区，才能取得更好的教学效果。

根据最近发展区理论，教师在设计微课时要注意观察学生的已有能力水平，内容难度设计要符合学生的最近发展区。特别是设计课前预习型微课时，如果仅满足学生的已有知识水平，就不会激起学生的探究欲望，但超出了学生的最近发展区，难度太大，又会导致学生学习信心受挫。

二、微课教学

（一）微课教学的内涵

微课教学作为一种新兴的教学模式，通过微视频、微案例、微幻灯片等媒介将教学内容细化为一系列独立且易于理解和掌握的“微课”。这种教学模式旨在提升学生的学习兴趣，增强其自主学习能力，培养创新思维，并最终提升教学质量。

在微课教学的实施过程中，首先需要精心设计微视频。微视频的特点在于时长较短、内容精练、重点突出、易于理解。在设计时，教师需结合具体教学内容，将复杂的知识点进行拆分，并通过短小的微视频的形式予以呈现。微视频的设计应确保教学目标与教学内容的高度匹配，同时注重视频的趣味性与实用性。此外，作为一种辅助教学工具，微幻灯片的制作也是必要环节。在制作过程中，教师需将微视频内容进行提炼，添加适当的标题、注释和分析，通过文字、图片等形式来展现教学内容，在设计时要注重内容的层次性与逻辑性，并且兼顾简洁性与吸引力。

此外，设计微案例也是微课教学的重要组成部分。微案例通过微视频的形式将实际案例引入教学。设计时，教师应确保案例与教学内容紧密相关，注重案例的实践性与应用性，确保它的完整性与真实性。学生自主学习是微课教学的关键环节，在此过程中，教师应提供必要的指导，以帮助学生更好地理解和掌握教学内容。教师可以通过网络平台、课堂讨论、作业检查等与学生进行互动与交流，进而提升学生的学习效果。教学评价同样是微课教学的重要环节，旨在帮助教师了解学生的学习情况，以便及时调整教学方法和策略，从而提升教学质量。教学评价应涵盖学生的学习兴趣、自主学习能力、创新思维能力等方面，并客观评估教学内容和教学方法的有效性与实用性。

（二）微课教学的价值

1. 培养学生自学能力

“授人以鱼，不如授人以渔”，教师在教学过程中应致力于培养学生的自学能力，以促进学生综合素质的提高。在传统的教学模式下，教师常常占据主导地位，学生只能被动接受知识灌输，这种方式不利于学生自学能力的培养。而学生利用微课学习能够实现自我主导的学习过程，他们可以根据自身需求选择适合的微课进行学习，自主制定学习计划、安排学习时间。长期采用微课进行学习，将有助于学生自学能力的有效提升。

2. 激发学生学习兴趣

学生对某一门课程产生学习动力的根源在于对该课程有浓厚的学习兴趣。事实上，唯有激发学生的相关兴趣，他们才会自发地投入学习。

反观传统的课堂教学方式，其单一、刻板的教学模式已不能适应当下学生的要求，往往使学生感到厌倦，进而失去学习兴趣。微课作为一种以短视频为载体的教学形式，具有丰富的教学资源承载能力，在设计与制作短视频的过程中，教师精心选取学生感兴趣的主题与素材，以富有创意的方式将其组织起来，不仅可以将知识点以更加生动直观的形式呈现出来，而且能更有效地激发学生的好奇心与学习兴趣，促使他们积极探索。此外，微课的特点在于精短而高效，能在 2 ~ 10 分钟内清晰阐述知识点，避免了冗长的讲解过程，这种教学方式能降低学生的学习疲劳感，减轻学习压力，帮学生消除畏难情绪，从而更有利于培养学生的学习兴趣。

3. 助力实现高效课堂

学生在学习的过程中较难持续保持高度专注力，加之传统的课堂教学模式往往是以教师为主导的讲授式教学为主，这种单调的教学方式更容易分散学生的注意力，导致课堂效率低下，学生学习效果受限。而微课以其多样化的呈现形式、丰富的视觉效果、视听情景化等特点，使得它相较于传统课堂教学更具有吸引力。微课能够丰富课堂教学内容，有效吸引学生的注意力，起到活跃课堂气氛的作用，有助于减少学生在课堂上心不在焉、注意力不集中的情况。相较于教师的语言讲解，形象生动的视频展现更加直观具体，更有利于帮助学生理解教学内容，从而提高课堂教学效率。

（三）微课教学的设计

1. 内容的针对性

主题突出鲜明是微课教学的一大优势特点，设计微课教学时必须明确教学主题，教学内容必须具有针对性，可根据教学重难点或者学生反馈将一节微课只聚焦于解决某一个具体的知识点，以满足学生的具体需要。

2. 时长的简短性

在设计微课时总时长要尽量控制在2 ~ 8分钟,最长不超过10分钟,这样学生能更好地保持注意力集中,全身心地投入学习。这就要求教师在设计微课时做到课程的每一秒钟都和教学主题相关,避免其他无关主题内容的引入和讲解,不能将传统授课的教学思维带入微课设计。

3. 过程的完整性

微课虽然时间短,但并不是知识点的简化,而应是一个系统且完整的教学过程,应当包括微课引入、内容讲解、归纳总结这三个基本的教学环节。

第二节　新媒体环境下高校思想政治微课教学模式的优势

一、适应思想政治理论课教学信息化发展的需要

思想政治理论课只有与时俱进,紧跟时代之变,才能更有说服力。新媒体时代,社会各领域对信息化应用提出更高要求,思想政治理论课也要跟上新的发展,适应新的要求,一方面要加快教学信息化进程,另一方面要开拓教学信息化渠道。

微课作为现代信息技术在课堂教学中的重要应用,为思想政治教育教学改革提供了新的契机。它的应用不仅满足了教学信息化发展的需求,也符合创新思想政治理论课网络教学模式的需求。微课丰富了教学资源的类型,教师可以通过智能化的方式表现教学内容,提高教学效果,满足思想政治理论课网络化的需求。

然而,虽然微课在思想政治教育教学改革中发挥了积极的作用,但也应看到,作为一种新兴教学方式,对于其教学效果的评价以及如何更

好地将其运用到教学中，仍需深入研究和探讨。教师需要在实践中不断摸索，寻找微课教学的最佳策略，以更好地适应思想政治理论课教学的信息化的发展。

二、提高思想政治理论课教学实效性的需要

思想政治理论课内容丰富，理论性强。传统教学方式在具象化表达方面存在一定难度，而微课可以通过生动形象的方式展现复杂抽象的内容，还可以融入社会热点难点问题，帮助学生理解和掌握教学内容，激发学生学习兴趣，提高教学实效性。例如，《中国近现代史纲要》这门课程的理论、历史和现实问题可以通过微课进行直观展现，从而加深学生记忆，让学生对教学内容有更加深刻的认识。

微课具有便捷性和高效性。教师可以将精心制作的微课上传至微课平台供学生预习和巩固，拓宽了学生的学习渠道。微课作为一种教学资源，推动了教学内容的精细化与模块化，有了它，教师可以根据学生的需求进行有针对性的教学，学生能够针对特定知识点或问题进行深入学习，不仅提高了学习效率，也促进了深度学习。随着微课在教学过程中的融入，传统的课上学习与课后知识内化的教学方式得以翻转，实现了教学流程的再造，从而显著提升了思想政治理论课教学的实效性。

微课的应用不仅能够激发学生的学习兴趣，提高他们的学习积极性，更能够培养他们的独立思考能力，以及深入探究的热情，从而真正提高学生学习思想政治理论课的内驱力。因此，教师开展高校思想政治理论课教学活动时应充分认识到微课的重要性，发挥其推动课堂教学变革和提高教学实效性的关键作用。同时教师也应尊重传统教学方式，充分发挥主导作用，并重视学生的主体地位。这样学生在思想政治理论课的学习过程中既能够充分发挥自己的主观能动性，也能够接受教师的有效指导，从而实现教学效果的最大化。

三、满足学生对思想政治理论课的多样化学习需要

微课的引入、普及与应用显著提升了思想政治理论课教学的深度与广度，丰富了教学内容与形式，拓宽了学习渠道，使得教学内容不再局限于传统的课堂环境，而是可以通过网络、社交媒体等多元化途径获得

更丰富的知识内容、覆盖更广泛的学生群体。微课的多媒体特性使得教学内容更为生动、直观，提高了学生的学习兴趣和积极性，满足了学生在新媒体环境下提出的多样化学习需求。

总体来看，微课在高校思想政治理论课中的应用前景广阔，潜力巨大，教师应积极提升自身能力，不断探索微课在思想政治理论课教学中的应用。

第三节 新媒体环境下高校思想政治微课教学模式的运行策略

一、高校思想政治微课建设原则

鉴于微课在思想政治理论课方面发挥的积极作用，应广泛开展微课教学资源征集活动，集技术专家与教育人员之合力提升微课制作质量，构建卓越的微课平台。笔者在参考知名微课平台（如“思政微课 App”）的基础上，对思想政治理论课微课平台建设提出以下三点建议。

（1）加强微课平台的交流功能，增设互动留言区，完善学情反馈机制，以更好地满足学生学习需求。

（2）坚持推广与共享微课平台，对教师进行有针对性的培训，并确保平台的开放性与互通性，以促进教育资源的公平分配。

（3）充分利用微课平台，打破时空界限，实现教学资源共享，从而增强微课教学的效果与影响力。

高校思想政治微课建设应坚守以下三个原则。

（一）实用性原则

目前，微课已经在我国教育领域得到了广泛应用，因此，如何最大化微课的作用，提升教学效果，便成为亟待深入研究的课题，在微课建设过程中，实用性原则最为关键。这意味着在微课的设计与开发过程中必须坚持实用至上，以满足需求为标准，只有当微课具有实用性时，教学才能顺利进行。

微课建设的实用性原则首先体现在微课设计与开发上，教学内容需紧密结合高校思想政治理论课的教学目标，围绕教学需求进行考量，确保能够真正解决教学中遇到的实际问题，唯有如此，微课才能发挥最大的作用。其次，教师教学过程中同样需要遵守实用性原则，这要求教师具备一定的操作技能，能够正确使用并彰显微课的效果。微课的核心理念在于提供高效、便捷的教学方式，教师要确保其在教学过程中能够发挥最大效用。

（二）精微性原则

微课的核心目标在于拆解与细分复杂的知识点，并以简洁明了的方式进行内容呈现，使之更容易被学生所理解，这是其精微性原则的体现。这要求设计微课时要对教学知识点及重难点进行精细化处理，在这一过程中，教师的作用至关重要。首先，思想政治理论课是系统讲授马克思主义理论的课程，它的教学内容不仅涵盖马克思主义哲学、政治经济学和科学社会主义，还涉及政治、经济、社会、文化、生态文明、党建等诸多方面，这就要求教师在选择知识点时要秉持精微性原则，紧密结合课程目标与学生需求，精准确保所选内容具有典型性、代表性与时效性。其次，教师要从细微处着手，选择最合适的切入点来展现核心知识内容，具体而言，就是在选择知识点时要小而精，使学生能够逐个击破。

遵循精微性原则的思想政治理论微课不仅能够帮助教师以最恰当的方式展现核心教学内容，更能引导学生积极主动学习。教师对每一节微课的教学目标进行细致化处理，有利于确保目标的明确性与具体性，通过不断优化和创新教学方法，使思想政治理论微课能够与时俱进。

（三）适度性原则

适度性原则是微课教学设计的核心原则，它强调事物在质与量上的和谐统一。微课教学过程中精心权衡教学内容的数量与质量，旨在实现教学效果的最大化，这就要求教师在筛选教学内容时全面考虑其适度性，确保教学内容难度深浅适宜，避免内容过于深奥或浅显，以保障教学的有效性；同时合理控制微课时长，以确保学生能够保持注意力。此外，教师还应在微课中添加适当的解说，以帮助学生更好地掌握教学内容。

二、高校思想政治理论课教学中运用微课的基本操作

（一）教学设计兼顾微课与思想政治理论课特点

微课教学设计的成效在很大程度上依赖于教学设计的合理性，思政微课教学设计需将微课特点与思想政治理论课教学理念相融合，强调教师与学生的角色分配，教师主导教学，以学生为中心，提升教学的实效性和有效性。

（1）思政微课教学设计要融合思政课与微课特点。思想政治理论课不同于一般的课程，它具有鲜明的意识形态性和突出的政治导向性，具有理论性和政治性相统一的显著特点。微课则是以时长简短与个性化教学为突出特点。教师在设计思想政治微课时需兼顾两者特性，实现二者的有机融合。具体来说，应基于教材与章节分析精选微课教学内容，选择关键知识点或教学重难点并将其细化，同时，对于政治属性较强，学生不好理解的内容可以采用图表、分析、动画、特效等不同形式，帮助学生更好地掌握。教师还可以利用微课平台积极探索线上互动、翻转课堂等教学方法，不断探讨与创新思政课与微课新的融合方式，以提高微课的教学效果。

（2）教师要注意控制微课时长。微课时长应掌握在 2 ~ 10 分钟之内，3 ~ 5 分钟为最佳，因为过长的视频会降低学生的学习兴趣，分散学生的注意力，不利于教学目标的实现。要在较短的时间内阐明理论、解析重难点，就要摒弃传统教学中的长篇宣讲，这对教师教学资源的选用、教学内容的设计等方面提出了更高的能力要求。

微课设计应遵循以学生为本的教学理念，强调学生的自主学习和主体地位。教师要结合学生的身心特点，针对不同专业学生的理论基础和不同年级学生的认知规律，营造有助于“探究与发现”的学习环境。同时，教师应尊重学生、爱护学生、关注学生成长，帮助学生在获取知识的同时提高独立思考能力。在思想政治理论微课的教学设计中，教师应转变传统教学理念，既发挥主导作用，又尊重学生在学习过程中的主体性，营造民主、平等、和谐的学习氛围。

（二）优化思想政治微课教学内容

思想政治理论课具有鲜明的时代性特点，内容涉及改革发展稳定、内政外交国防、治党治国治军等诸多方面，意味着微课内容不能固定不变。这就要求教师不能在微课制作上“吃老本”，特别是在涉及世情、国情、党情、民情以及学生关注的时政热点问题等方面，要注意及时更新内容。同时，微课设计应确保涵盖教学内容的易错点和重难点，方便学生随时进行反复学习。学生的个性化进阶式学习有助于改善教学氛围、丰富教学内容、提升教学效率，因此，教师应认真设计有针对性的微课，并按专题进行分类。此外，微课教学内容的优化还需从教学方法及评价等多方面协同考虑，要建立科学的微课教学评价机制，追踪学生学习情况，及时调整教学策略，以提升教学质量。

思想政治微课的教学内容优化是一项长期且复杂的任务，需要高校不断加大研究投入。

第四章 新媒体环境下高校思想政治慕课教学模式

慕课是创新教学理念下的教学模式,也是一种高效的教学方法,在提升教学实效性上发挥了较大作用。科学技术的飞速发展为慕课教学模式的实现提供了重要支持。随着新媒体的普及,人们信息获取方式发生了巨大变革,而在教育领域,网络教育和在线课程等新型教育模式逐渐取代了传统教育模式,慕课教学模式便是在这一背景下应运而生,成为新媒体时代思想政治理论课教学的全新选择。因此,有必要探索如何将慕课与高校思想政治理论课进行有机结合,以期进一步增强思想政治理论课的整体教学效果。

第一节 慕课及慕课教学

一、慕课

(一)慕课的内涵

慕课一词来源于MOOC,是Massive Open Online Courses英文首字母的缩写,中文直译为“大型开放式网络课程”。弗林(James T.Flynn)认为大规模在线开放课程是高等教育的最新创新之一,是颠覆性创新现象的典型代表。[①]高地认为“慕课”是推动教育变革的创新举措,秉持实现优质教育资源全球共享、现代教育与信息技术深度融合的核心理念[②],在慕课平台上集合了全世界知名高校的课程,通过手机或电脑可以随时观看、学习。

慕课将世界上最优质的教育资源汇集并免费开放供大众使用,每一位有意愿提升自己的人都可以在这里学习优质大学课程并获得相应证书,丰富了大众的学习方式。贺卫东认为当前将慕课称为“课程”,实际具有一定泛化意义。限于慕课本身的缺陷,其目前尚未体现教育学概念上的课程本质,其属于课程资源,是现代课程的有益补充。在慕课课程化的过程中,需要不断增加课程的交互性、体验性、情景性等特征[③]。慕课视频的精练、重难点突出是常规教学模式的有益补充,课前学生观看慕课视频,进行预习,可以为课堂学习做铺垫,以提高学习效率。

---

① Flynn, J. T. Moocs: Disruptive Innovation and the Future of Higher Education[J]. Christian Education Journal: Research on Educational Ministry,2013,10(1):149-162.

② 高地.“慕课”:核心理念、实践反思与文化安全[J].东北师大学报(哲学社会科学版),2014(05):178-186.

③ 贺卫东.慕课本质与中国实践取向分析[J].当代教师教育,2018,11(03):53-60.

（二）慕课的特点

1. 规模性

作为一种大规模开放的在线课程，慕课的核心特征之一便是其规模性，这一特征在课程参与人数上得到了充分体现。在传统课堂环境下，受班级规模及教师精力等因素的制约，同一门课程的参与人数往往有限，然而，慕课模式的出现彻底打破了这一限制，使单一课程的参与人数能够达到惊人的规模。

就慕课这种教学模式而言，从理论上讲学习者的人数是没有上限的，这意味着一门课程的受众可以广泛覆盖至数千、数万甚至更多的学习者。这种无人数上限的课堂教学形式在人类教育历史上尚属首例。正因为这一独特优势，慕课近年来在全球范围内受到了广泛的关注与追捧。

以 2011 年美国斯坦福大学塞巴斯蒂安·特隆（Sebastian Thrun）和彼得·诺维格（Peter Norving）两位教授联手开设的《人工智能导论》慕课课程为例，该课程吸引了来自世界各地的 16 万余名学习者注册参与，这一案例充分展示了慕课规模性特征的实际效果。相较于传统课堂教学，慕课在人数规模上的优势使其具有更为广泛的社会影响力，同时，也为教育资源的共享与优化提供了全新的可能性。在这一模式下，教师能够更加充分地发挥自身的专业能力，为广大学习者提供高质量的教育资源，从而推动教育公平与效率的提升。

2. 开放性

慕课的核心特质在于其开放性，这集中体现了其无边界教育理念。在传统教学模式下，学习的时间、地点与方式均受到严格限制，然而，慕课的出现打破了这些禁锢，使学习资源得以在全世界自由共享。在慕课平台上，不同地域、不同民族的文化得以多元共存，思想与价值观呈现多样化，为学生提供了多元思考的空间。在新媒体时代，资源共享已成为一种潮流，而慕课正是这一潮流的杰出代表。

慕课的开放性为广大学习者创造了一个公平、平等的学习环境，只要具备基本的上网条件，任何人都可以注册并参与慕课学习。在这个过程中，年龄、性别、宗教信仰、地域等因素均不构成学习障碍。这种无边界的教育模式使知识得以跨越国界，民族与文化的界限，真正实现了全球范围内的教育公平。慕课的开放性不仅体现在课程设置上，还体现在其多样化的教学模式上。慕课平台汇聚了来自世界各地的优质教育资源，涵盖了不同学科、不同层次的课程，学习者可以根据自己的兴趣与需求，自由选择学习内容。此外，慕课还引入了一种创新的学习方式——线上互动学习。通过网络平台，学习者可以与来自世界各地的"同学"交流心得、共同进步。这种跨地域的合作与互动极大地丰富了学习者的学习体验。

3. 交互性

慕课的交互性特质显著地弥补了传统课堂教学师生及学生之间互动方面的不足。传统课堂教学受到时间与地点的限制，师生间的交流大多局限于课堂之内，而学生间的互动亦多限于小组内部讨论，交互程度有限。慕课则借助软件系统构建出丰富的交互环境，为师生之间的沟通提供了更宽广的平台，使互动更加深入与广泛。

在慕课的学习流程中，主讲教师与助教能够始终参与并监控整个教学过程，持续关注学生的学习状况。这种全面的参与监控机制使教师能够及时发现学生的学习难题，并给予指导与帮助，同时也让教师更加了解学生的学习状况，从而调整教学策略，优化教学效果。慕课平台提供了线上讨论区，为师生间的互动提供了便捷的途径。学生可以在此提出问题，同学间相互解答。主讲教师会根据学生的讨论情况，对集中出现的问题进行详细解答，实现了教与学之间的即时反馈与互动。这种互动方式不仅有助于及时为学生答疑解惑，也能有效提升学生的学习参与度。

慕课的交互性还体现在其多样的教学方式上。慕课融合了在线讨论、小组任务、测验等多种互动形式，不仅允许学生选择最适合自己的学习方式，还能有效激发学生的学习兴趣，提高学习效果。

4. 数据性

慕课的数据应用指的是追踪并记录学习者在课程学习过程中的各项行为。这些行为包括但不限于观看慕课视频、参与讨论和完成作业等，这些操作都会在慕课平台的服务器留下痕迹。这些痕迹具体可能包括学习者的观看时长、频率、位置，参与讨论的次数和内容，以及完成作业的情况等。对这些痕迹进行系统的分析，可以深入挖掘慕课课程的教学效果、了解学生对知识点的掌握程度，以及他们参与互动交流的积极性。关于慕课数据分析，具体情况如下：

第一，通过分析学习者的观看时长和频率，洞察他们对课程内容的兴趣和投入程度。长时间的观看和高频率的访问通常表明学习者对课程内容有浓厚的兴趣，愿意投入更多的时间和精力继续学习。相反，短暂的观看和低频率的访问可能暗示学习者对课程内容兴趣不足，这可能需要教学者有针对性地进行课程改进。

第二，对学习者观看位置的分析有助于了解他们的学习习惯和偏好。如果观看位置主要集中在课程的开头和结尾，这可能表明学习者倾向于先入为主的学习方式，需要教学者据此调整教学策略。而观看位置集中在课程中间部分，可能说明学习者的学习习惯更为随机和随意，这同样需要教学者进行引导。

第三，分析学习者参与讨论的次数和内容，可以了解他们对课程内容的理解程度和深度。频繁且深入的讨论通常表明学习者对课程内容有深入的理解和掌握。相反，讨论次数少且内容浅显可能意味着学习者对课程内容的理解不足，需要教学者提供更多的帮助。

第四，通过考察学习者完成作业的情况，评估他们对课程内容的理解程度和应用能力。良好的作业完成情况通常表明学习者对课程内容的理解深入且应用能力强。而作业完成情况不佳则可能表示学习者在理解和应用课程内容上存在困难，需要教学者给予更多的支持和指导。

5. 自主性

慕课的自主性表现为学习者在慕课平台上可以根据预先发布的相关课程介绍材料，结合个人的实际学习兴趣及能力，独立决定是否选修该门课程。慕课平台上课程类型丰富,覆盖自然科学、社会科学、文化艺术等多个领域,能够满足不同学习者的个性化需求,学习者可根据个人兴趣选择适合的课程。此外,慕课平台允许学习者根据自身的学习能力灵活调整学习进度,其每门课程都配备了一系列学习资源,如视频、课件、习题等,学习者可根据自身需求有针对性地利用这些资源。同时,慕课平台提供了互动交流功能,设置了评论区、问答区等,方便学习者在学习过程中分享心得、解答疑问,从而更好地理解和掌握课程内容。

慕课自主性的另一表现是相关学习者可以自主安排学习时间。相较于传统课堂,慕课更具灵活性,学习者可根据个人实际情况合理安排学习时间,确保学习效果。此外,慕课平台提供了丰富的学习资源,使学习者可在任何时间、任何地点进行学习,极大地提高了学习的便捷性。

慕课自主性还体现在学习者可以自主评估学习成果。课程结束后,平台会提供相应的考核方式,如在线测试、作业提交等。学习者可以根据个人成绩,了解自己对课程的掌握程度,进而调整学习策略,提升综合素质。

二、慕课教学

(一)慕课教学的内涵

作为一种新兴的教学模式,慕课教学正逐渐受到社会各界的广泛关注。那么,究竟什么是慕课教学?其内涵又包括哪些方面呢?下面笔者将从多个维度对其进行详细阐述。

慕课教学即将慕课这一创新模式融入教学实践的一种教学方式,其特点主要体现在以下几个方面。

其一,开放性。慕课教学实现了极大的开放性,它突破了地域、时间与年龄的限制,任何人只要通过互联网便可参与学习,实现了教育资源的广泛共享。

其二,互动性。慕课教学高度重视学生与教师、学生与学生之间的交互,学生可以通过讨论区在线问答、测验等多种形式与教师及其他学生进行交流,从而有效提升学习效果。

其三,个性化。慕课教学为学生提供了个性化的学习路径,允许学生根据自己的兴趣和需求选择学习内容，进而激发他们的学习兴趣和积极性。

其四，灵活性。慕课教学具有极高的灵活性，学生可以根据自己的时间安排学习进度，从而实现学习效率的最大化。

慕课教学作为一种新型教学模式，以其独特的优势逐渐受到教育界的关注，其以网络终端设备为主要媒介，通过互联网进行课程内容传播，学生进行在线系统学习。这种教学模式有助于避免学生在互联网学习时过度关注碎片化信息和新奇内容，能使学生全面地掌握某一门课程内容。

慕课教学主要涉及以下几个方面。

教育目标。慕课教学以培养具有创新精神和实践能力的高素质人才为核心教育目标，致力于促进学生的全面发展。

教学内容。慕课教学不断更新和优化教学内容，以适应社会发展和学生需求的变化。

教学方法。慕课教学充分利用互联网和信息技术手段，采用多样化的教学方法，如视频教学、案例教学、讨论教学等，以提升教学效果。

评价方式。慕课教学强调评价方式的多元化，通过在线测试、作业评价、项目评估等多种方式，全面评估学生的学习效果。

师资力量。慕课教学重视师资力量的培养和引进，不断提升教师的信息素养和教育教学能力。

（二）慕课教学的设计

1. 教学主页的设计

（1）创建课程描述页

添加课程介绍。教师可以编辑有关课程的基本信息，如课程名称、课程内容、教学目标、课程大纲及课程学时等基本情况介绍。

添加简历。教师可以添加自己的简历，包括教育背景、教学经验和相关成就等，以展示自己的专业能力和教学风格。

添加其他教师和教学人员。教师可以邀请其他教师和教学人员参与课程的教学工作，准许他们访问课程页面和相关材料，以便他们能够协助教学和管理。

除了以上几点，一个高质量的线上课程描述页还少不了优秀的课程宣传片，信息越是详细，就越容易吸引更多学习者的关注，为他们提供良好的学习体验的同时帮助他们了解课程基本情况，从而作出选课的相关决定，提高课程的注册量和参与度。此外，教师需要注意更新和维护课程材料和描述页，以确保其准确性和时效性。

（2）创建课程

教师需要掌握课程制作技术并了解在线平台功能，以更好地设计和制作课程材料。

熟悉管理平台。教师需要了解管理平台的功能和使用方法，包括如何上传课程材料、设置测验和作业，以及如何定制和调整管理平台的结构和内容。此外，还需要学会使用各种工具和功能来与学生进行交流和评估。

创建课程章节。在创建课程时，教师需要将课程内容划分为不同章节，每一章节为一个主题，并为每一章节设计相应的课程辅助教学材料，如拓展阅读材料、思考习题、测验、作业等，并设置好每章的上线和下线日期。

录制慕课视频。慕课视频要确保视频画面清晰无噪音，在专业录制棚录制效果会更好。录制结束后需要对视频进行编辑和处理，在教学重难点处增加字幕或知识拓展，以保证学生的学习效果。

创建测验作业。教师应为每一章节课程创建由系统自动评分的测验及作业，方便学生检测知识掌握程度，进行自我测验和练习。

编辑课程材料。课程材料在上传之后，教师可能需要对其进行再次编辑和修改，例如，再次修改课程视频或增加、删除阅读材料，增加测验或作业等内容。需要注意的是，修改后需要保存并重新上传相应材料。教师还需要注意确保课程材料的质量和准确性，以便学生能够正确理解和掌握课程内容。同时，教师还需要合理安排课程内容和进度，并根据学生的接受情况和需求提供适当指导和支持，以帮助学生更好地学习和发展。

上传课程材料。教师应将编辑好的慕课视频以及与课程相关的其他资料，如文稿、阅读材料、参考文献、测验作业等上传至慕课平台，设定课程的发布日期和状态，以便合理安排课程进度并通知学生。可以一次性上传所有课程资源，也可以分批上传，教师可以根据实际情况灵活调整。

设置上课规则。教师需要设定课程评分规则及作业提交截止日期，以便学生能够了解如何获得课程成绩以及如何进行课程反馈。

做好开课准备。在开课前，教师需要编写并发送欢迎邮件或开课通知给学生。此外，在课程开始前两周，教师需要对课程上线前的所有工作进行最后的检查和收尾。

2. 讨论区域的设计

教师需要精心设计和引导学生参与课程讨论，促进学习论坛的活跃和发展。为此，教师需要合理安排讨论区的结构和内容，使之成为一个有利于学生交流和学习的平台。讨论区可以分为几个板块，如"疑问解答""观点分享""学习心得"等，以便学生根据自己的需求进行讨论和交流。

教师要引导学生养成良好的讨论习惯。选修同一门课程的学生最好能在统一的时间段进入论坛讨论，方便学生之间进行沟通交流。学生可以在讨论过程中提出自己在学习过程中遇到的疑难问题，也可以分享自己的学习心得和观点。当有学生在论坛提出问题时，教师应鼓励其他学生参与讨论。这种方式可以充分调动学生的积极性，让他们在相互交流中取长补短，提高自己的学习能力，通过集思广益，在互相学习和交流中提高学习能力，从而增强课程学习效果。在讨论过程中，教师或助教应适时介入，对讨论中的重点问题进行总结和解释。这样，既能确保讨论的深入进行，又能保证学生对知识点的掌握。同时，教师还应注意引导学生将讨论成果转化为学习笔记，以便他们巩固所学知识。

第二节　新媒体环境下高校思想政治慕课教学模式的优势

一、增强思想政治理论课的教育渗透性

传统思想政治教育因为教学方式偏单一化，在有效性方面存在一定局限，在一定程度上削弱了思想政治教育满足个体发展需求的内在价值

和功能。为弥补这一缺陷,必须对现有思想政治教育教学进行改革,使之更加贴合个体需求,并充分发挥教育在促进个体全面发展中的核心作用。

慕课模式的出现为高校思想政治理论课提供了新的教学拓展路径和实效提升机会,它利用多元化的传播手段,有效突破了信息传播的时间和空间限制,为学生提供了一个丰富多彩、开放自由的学习领域。学生可以根据个人兴趣和需求选择相应的课程,而那些具有鲜明特色、独特见解的课程往往能吸引更多学生的关注。学生只要完成注册即可参与学习,不受地域限制,慕课为学生提供了前所未有的学习时间和地点的自主选择权,这一点是传统教学方式所无法比拟的,与过去的教学模式形成了鲜明对比。这种随时随地可以开始和结束的教学模式不仅使思想政治理论课堂更加紧凑高效,同时也极大地增强了思想政治理论课的影响力和教育渗透性。

二、提升思想政治理论课的吸引力和感召力

慕课的规模性特征要求教师在教学内容设计、学生管理以及引导学生深度参与等方面突破传统的班级授课制框架,建立起适应知识经济社会的新型课堂秩序。这不仅有助于提升教学效果,更能推动人的全面发展,使教育更加符合时代发展的需求。

慕课模式下,教学环节的设计、组织、管理以及学生的参与方式都发生了较大变化,这不仅推动了优质学习资源的共享,还有利于学生个性化的发展和自主选择权的强化。这些变化都有助于提升思想政治理论课的吸引力和感召力,使其成为真正贴近学生、满足学生需求的教育形式。例如,教师可以根据学生的学习情况和反馈及时调整教学内容和方式,以满足学生的学习需求。同时,教师还可以利用慕课平台提供的教学资源和学习工具引导学生进行自主学习和合作学习,从而提高学生的学习效果和综合素质。

三、提高思想政治理论课教师的主导地位

慕课中教师的主导作用突显,主要表现在以下几个层面。

教师需要深入钻研教材并细致分析学生的认知发展规律及心理特

征，从而制定出科学合理的教学方案。在此过程中，教师应采用适宜的教学策略与手段，积极引导学生参与教学过程，激发他们的学习热情，进而提升学习效果。

教师需对学生的学习表现进行客观评价并及时总结经验。在慕课模式下，学生的学习行为及成绩均会被详尽记录于后台数据库，教师可根据这些数据为学生提供个性化的指导与评价。同时，教师还需及时向学生反馈学习状况，帮助其全面认识自身学习水平，发现潜在不足并制定改进措施。

此外，教师还承担着不断更新与完善教学资源的重任，在慕课模式下，教学资源的质量直接关系到学生的学习效果与满意度，因此，教师应积极提供丰富优质的教学内容与素材，以满足学生日益增长的学习需求。

第三节　新媒体环境下高校思想政治慕课教学模式的运行策略

一、高校思想政治理论课慕课平台建设的基本原则

构建高校思想政治理论课慕课教学平台应遵循相应基本原则，要融合传统思想政治理论课教学模式与慕课教学模式，实现优势互补，同时坚持科学性与适应性的统一，既要把握教育科学的规律，又要适应信息化教育的发展趋势。这些原则不仅有助于引领教学模式的革新，也有利于推动教育理念的进步。

（一）兼容性原则

在高校思想政治理论课传统教学模式下，教师通常是课堂的主导者和知识的传递者，而学生则是知识的接收者，课堂普遍存在教学针对性不强、教师亲和力不足等问题，这种传统教学模式甚至被称为“灌输填鸭式”教学模式。这种教学模式虽然有助于知识传递，在提高学生基本

理论水平方面发挥了一定作用,但在培养学生思辨能力和创新能力方面存在局限,在激发学生主动性和参与性方面存在不足,这种单向“灌输”式的思想政治教育方式已经不能适应新时代新形势的发展需要。因此,慕课教学平台建设与应用须遵循兼容性原则,既要重视理论知识的传授,也要注重学生思辨能力和创新能力的培养。

(二)专业性原则

鉴于思想政治理论课的独特性,慕课教学平台的建设与应用须遵循专业性原则。

首先,思想政治理论课内容丰富,蕴含治国理政的道理、马克思主义的学理以及丰富深刻的哲理,这对慕课教学平台教学资源等方面提出了更高要求,要确保其能够真正成为高校思想政治理论课的辅助教学工具。

其次,专业性原则在保障慕课教学平台教学系统的安全性方面发挥了关键作用。慕课教学平台涉及大量教学数据与学生个人信息,因此,系统的安全性和可靠性至关重要。这就要求在设计和建设慕课教学平台时,必须全面考虑教学平台的专业性、稳定性等相关因素。

二、建设高标准高校思想政治理论课慕课教学平台

慕课教学以其开放性、交互性、自主性等特点成为教学改革创新的重要方向。鉴于慕课教学模式在思想政治理论课教学中的积极作用,高校应加强对思想政治理论课慕课平台的建设,并着力促进不同地区和高校之间的交流与合作,以提高课程质量,满足更多学生的多样化需求。

(一)提升高校思想政治慕课质量标准

为了打造跨区域、高品质、信息互通的区域性及全国性慕课教学平台,提升我国高校思想政治慕课教学效果与质量,需要从以下几个方面入手。

第一,课程内容方面。慕课教学平台的核心价值在于提供高品质的课程内容,平台可以召集全国或特定地域的优秀教师共同参与慕课教学

内容的开发，通过集体备课、教学研究等活动加强交流，发挥集体智慧优势，避免单一教师备课的局限性，确保课程内容达到高质量标准。

第二，课程共享方面。共享是慕课平台的显著特性。教师要持续关注全国范围内优秀高校思想政治理论课教师的教学经验，通过构建共享的区域性及全国性慕课教学平台，实现优质教学经验与方法的流通与共享，推动教师间的学术交流。

第三，地区合作方面。为了实现信息互通，需要促进各地区高校间的紧密合作，这种合作有助于优质教育资源的整合与优化。通过合作可以共同研发高品质的课程资源，提高我国高校思想政治理论课教学的整体水平。

第四，技术支持方面。慕课教学平台的构建离不开强大的技术支持，它涵盖了平台搭建、课程视频制作与编辑、在线学习工具开发等诸多方面，这些技术支持将确保平台的稳定性和易用性，为学生提供更优质的学习体验。

第五，更新改进方面。慕课教学平台应随着时代发展及教学需要进行持续更新与改进，包括课程内容的更新、教学方法的改进以及技术支持的升级等。只有保持动态更新，才能确保平台的生命力，从而满足不断变化的教学需求。

第六，评价反馈方面。为提高教学质量与效果，需建立健全教学评价与反馈机制，学生与教师可就课程内容、教学方法、平台技术支持等方面进行评价与反馈。这些反馈将成为平台改进的重要依据，助力平台不断完善。

第七，教师培训方面。慕课教学平台的成功发展离不开教师的积极参与和支持，因此，应当为教师提供必要的培训，帮助他们掌握慕课教学方法与技术，提升教学水平与能力，同时为教师提供必要的支持，协助他们解决教学中的技术难题。

第八，学生参与方面。学生是慕课教学平台的最终受益者，需采取措施激发他们的参与热情，这包括提供有趣且实用的课程内容、设计互动学习活动、给予学生及时鼓励等，同时要关注学生的学习需求与反馈，不断优化和提升课程质量。

第九，知识产权方面。在构建慕课教学平台时应高度重视知识产权的保护，确保教师提供的课程资源得到应有的尊重与保护，并制定相应的规定与政策，防止课程资源被非法盗用与传播。

第十，发展规划方面。构建跨区域、高品质、信息互通的区域性及全国性慕课教学平台是一个长期过程，需制定长期发展规划，明确目标、任务、时间表及资源投入等关键要素，确保平台的可持续发展与整体效果的不断提升。

（二）打造思想政治慕课精品开放课程

教育部于2024年1月召开了当年全国教育工作会议，从七个方面部署了全年教育工作重点任务，强调要不断开辟教育数字化新赛道，坚定推进高水平教育对外开放，要坚持应用为王走集成化道路，以智能化赋能教育治理，拓展国际化新空间，引领教育变革创新。

高校应积极响应教育部的号召，投身在线开放课程的构建与共享，打造思想政治慕课精品开放课程，确保思想政治理论课网络教学资源能够与时俱进，满足时代和国家的快速发展需求。在这一过程中，各高校需相互学习，充分利用慕课平台推动教学改革，提高教学质量。

此外，还应加快和扩大教育对外开放，致力于将优质思想政治慕课课程推向世界，这既体现了对我国教育整体水平的坚定自信，也为全球的学习者提供了更加丰富多样的优质教育资源，同时也有利于让中国教育在国际教育舞台产生更大影响力，从而进一步提升中国的文化软实力。

三、提高教师对高校思想政治慕课教学模式的认同

推进思想政治慕课教学模式的开展需要以充分的基础条件为前提，还离不开人的积极投入与参与，在此过程中，高校思想政治理论课教师的作用举足轻重，他们既是引领者，又是管理者。提升教师对慕课教育模式的认同感，不仅有助于推动教师进行角色转变，更能为慕课教学引入更多新鲜资源和信息，从而促进教学模式的持续优化与创新。

（一）促进教师教育方式由主导性向引导性转变

在传统思想政治理论课教学中，教师居于主导地位，学生往往处于被动接受教育的地位，相比之下，慕课教学模式展现出较大的灵活性。通过慕课平台，学生可以随时随地进行学习，而教师也能便捷地分享教

学资源并与学生进行互动,使教学过程更加灵活高效,这显著提升了学生的学习主动性,还改变了他们的学习地位,他们不再仅仅是被动的知识接受者,拥有了更多自主选择权。同时慕课教学模式还增强了学生与教师之间的互动。这种变化不是偶然的,而是教育理念与技术进步共同推动的结果。

教育理念的转变对慕课教学模式的实现起到了关键作用。在传统教学中,教师通常依赖教材,遵循固定的教学计划,这种教学方式限制了学生的参与程度。慕课教学模式则突破了这一局限,允许学生根据自身兴趣和需求选择学习内容,并自主安排学习进度,这种学习方式使他们更加积极地参与教学过程,进而激发了他们的学习积极性与主动性。这一理念的转变使学生能够从被动接受转为主动思考与探索,而教师的角色也相应地发生了变化,他们不再仅仅扮演知识传递者的角色,而是转变为学生的学习引导者和助手,他们需要根据学生的需求和兴趣提供个性化教学服务,以帮助学生更有效地学习,这种角色的转变使教师能够更好地适应慕课教学模式的要求。

(二)加强慕课平台的思想政治理论课师资建设

构建思想政治教育慕课教学平台是一项系统工程,它集结了高校、思想政治教育理论课教师、计算机网络技术人员等多方力量。慕课教学模式涵盖了网络注册、课程编辑设置、互动交流、教学考评等多个重要环节,要求教师具备全面的计算机网络技术知识和网络平台操作技能。为了确保教学的顺利开展,教师不仅需要掌握新媒体教学手段、网络教学技能,还需要具备扎实的计算机科学基础知识。因此,高校需要持续加大慕课平台思想政治理论课教师的师资建设力度,不仅要提升他们的专业教学水平,还要着力培养他们的计算机操作能力,以实现慕课建设的持续发展。

第五章 新媒体环境下高校思想政治翻转课堂教学模式

随着新媒体技术日新月异地发展，高校思想政治教育正面临着前所未有的机遇与挑战。如何在新媒体环境下创新高校思想政治教育模式，提升教育质量，已成为教育工作者亟待关注的焦点。翻转课堂作为一种新兴的教学模式，其核心在于将课堂的主动权归还给学生，进而有效激发学生的学习兴趣和积极性。本章将深入探讨在新媒体环境下如何构建高校思想政治翻转课堂教学模式，以期达到提高教学效果的目的。

第一节　翻转课堂及翻转课堂教学

一、翻转课堂

随着教育科技的不断更新，翻转课堂作为一种新的教学模式受到越来越多教育工作者与研究者的关注。翻转课堂这一名词本身即昭示了教学模式的革新，这不仅是一种教育理念，更是对传统教学方法的挑战，要求教师在课前将教学内容以视频、幻灯片等数字化形式进行预处理，学生在课前自主学习这些教学资源，课堂则主要进行交流与讨论。在此模式下，课堂内外的时间布局得以重新调整，教学的主动权由教师转向了学生。在“翻转课堂”的架构中，学生可以专注于主动的项目式学习，与同学共同探索问题，寻找解决方案，从而实现更深层次的知识理解。相较之下，教师的角色发生了转变，他们不再占据课堂时间进行知识传授，这些知识的学习任务被前置于课前，由学生独立完成，学生可通过观看视频讲座、阅读参考书籍等方式进行自主学习，甚至可以通过网络查阅相关资料并与同学进行讨论。教师角色的转变使得他们有更多的机会与每个学生进行深入交流，了解学生的学习情况，并提供个性化指导。课后，学生可以自主规划学习的内容、节奏及知识的呈现方式，而教师则运用讲授和协作的教学方法，根据学生的需求推动他们的个性化学习进度。

翻转课堂的核心宗旨在于让学生通过实践获得更真实的学习体验，这种教学模式鼓励学生主动参与、自主探索，培养他们的创新精神和团队协作能力。在我国，翻转课堂的应用正在逐步扩展，众多学校和教师都在尝试这一教学模式，以期提升教学质量，培养出更多适应未来社会需求的人才。

二、翻转课堂教学

翻转课堂教学具有以下三大核心特点。

（一）教学视频精练

在翻转课堂教学模式中，教学视频的设计与运用显得尤为关键。翻转课堂的教学视频采用微视频形式，以确保教学内容既简洁又全面，视频在时长方面追求简短，控制在十分钟左右，符合视觉驻留规律，有助于学生在短时间内保持高专注度，从而使学生更易集中注意力，摆脱传统课堂因理论宣讲而可能带来的抵触和分心低效的问题，促使学生专注教学内容本身，同时，音频与画面的同步配合有助于学生在学习过程中保持更高的专注度。此外，简短的视频也方便学生在课后进行自主学习，提升学习效率。在内容方面应注重精练与简约，聚焦一个或至多两个核心知识点，以确保教学内容的针对性和重点突出，同时也能使视频更加紧凑，便于学生理解和掌握。在制作方面应尽量避免烦琐流程，以提高制作效率，使教师能够将更多时间用于课堂辅导和答疑。

在翻转课堂的实际教学过程中，教学视频的设计与应用需与其他教学环节紧密相连，共同构成一个完整的教学体系。例如，视频制作完成后，教师可通过在线平台发布视频资源，供学生在课前预习，课堂上针对学生的疑问进行讨论与交流，课后进行知识复习与巩固。如此，教学视频才能在“翻转课堂”中发挥其应有的作用，进而提升整体教学效果。

（二）学习时间灵活

在传统教学模式下，教学进度与时间有着严格规定，师生互动交流亦受限于特定的时间空间。学生通常在课外预习教材、复习巩固，在课堂上听讲并参与考试，然而，翻转课堂将这一过程倒置，学生在课堂上通过实践操作、提问互助等方式进行学习（这种方式无论对于高年级还是低年级学生均有裨益），知识的同化和内化过程则主要通过课堂上的小组工作、同伴互动和一对一辅导等方式实现。翻转课堂强调教学结构重塑，它的核心思想在于突破传统的时空界限，为教学过程注入更多的自由与灵活性。教师根据学生的学习进度与兴趣灵活调整教学方案，从而使教学过程更加个性化，有效激发学生的学习兴趣与积极性。“翻转课堂”还允许学生根据自身学习进度定制学习计划，使教学更具灵活性和自主性。“翻转课堂”同时也促进了师生与学生内部的互动交流，教师可以通过网络平台与学生进行即时沟通，学生之间也可以在课堂和网络平台进行探讨与交流，这有助于提升学生的学习效果与能力。

从教育学的视角来看，翻转课堂作为一种新兴教学模式，其本质在于教育理念的更新与教育方法的优化。传统教学模式以教师为中心，学生处于被动接受的角色，而“翻转课堂”则强调以学生为中心，鼓励学生主动获取知识。这种教育理念的转变不仅有助于提升学生的学习积极性与主动性，更有助于培养学生的创新思维与实践能力。此外，翻转课堂教学模式对于提升教师的教学能力与教学效果亦具有积极意义，教师为回答学生的个性化疑问需要广泛搜集教学资源，这有助于提升教学能力与质量；同时，教师通过新媒体与学生保持即时沟通，了解学生学习动态，便于调整教学策略，以实现教学效果的最大化。

（三）教学效果显著

“翻转课堂”有助于优化学生的学习体验，教学效果显著。在此模式下，学生在课前通过教师提供的学习资料，如视频、幻灯片、练习题等进行预习，他们的自主学习能力得以显著提升，此外，预习不仅使学生更加熟悉课程内容，还使他们能够带着问题和思考进入课堂，从而积极参与课堂讨论，加深对知识的内化，提高学习效果。

“翻转课堂”以学生为中心，教师更多地关注学生的问题和学习进度，而非单纯讲解和设计活动。在这种教学模式下，教师不再单纯扮演知识传授者的角色，而是成为引导学生探索知识的伙伴和向导。在辅导、探索和实验的过程中，教师与学生并肩作战，共同解决问题。这种互动模式使教师能够更深入地了解学生的学习情况，并在必要时提供及时的帮助和支持。

“翻转课堂”也为教师提供了更多了解学生学习进度和需求的机会。通过观察学生的学习资料与进度，教师可以及时发现学生的学习困难与问题，并在课堂上进行有针对性的讲解和指导。这种个性化教学方式能够更好地满足学生的学习和个性化发展需求。此外，“翻转课堂”还强调学生的主动性和参与性，课前自主选择学习资料、制定学习计划的过程使学生更加主动地学习，体验到更多学习乐趣和成就感，从而提高他们的学习内驱力。

三、翻转课堂教学模型

了解“翻转课堂”在课前、课中、课后每一学习阶段的作用及要达到的目标后，还需要明确每一阶段确切的活动步骤。为了更好地进行教学环节设计，需要借鉴典型翻转课堂教学模型，总结共性活动步骤，为后面教学环节设计提供思路。较为典型的教学模型有以下几种。

美国富兰克林学院的罗伯特·塔尔伯特（Robert Talbert）在实际教学中总结的翻转课堂教学模型（图 5-1）主要分为课前和课中两个部分。课前，学生通过教学视频学习，做有针对性的预习准备工作；在课中，首先通过快速、少量的评估来检查课前的学习效果，然后通过讨论等方式解决预习时产生的问题，以促进知识的内化，最后总结知识和反馈问题。

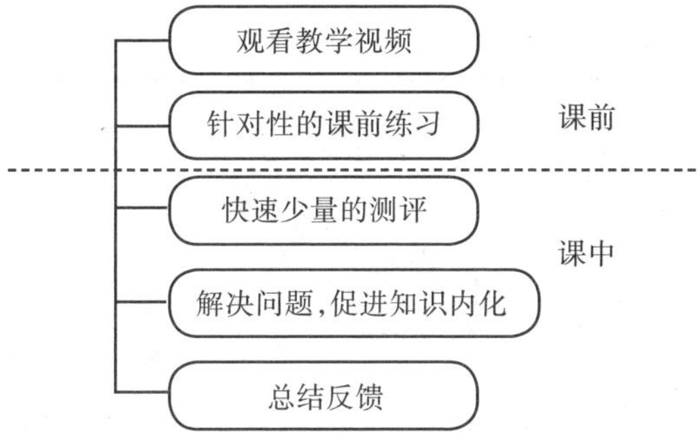

图 5-1　罗伯特·塔尔伯特的翻转课堂教学结构模型[①]

南京大学的张金磊完善了罗伯特·塔尔伯特的结构模型，细化了各个学习环节，将信息技术与活动学习相融合，强调课前与课中的交互性以及根据不同的学习内容创建不同的学习环境，进行针对性的教与学。[②]他着重强调了信息技术因素，指出信息技术的支撑是学习活动顺

① 蒋辅成．翻转课堂教学模式在物理新课教学中的实践研究——以四川省大邑中学为例[D]．重庆：西南大学，2021.

② 张金磊等．翻转课堂教学模式研究[J]．远程教育杂志，2012，211（2）：46-51.

利进行的重要保证。但此模式要求学生在课上独立探索,对学生的学习能力要求较高。具体教学结构模型见图 5-2。

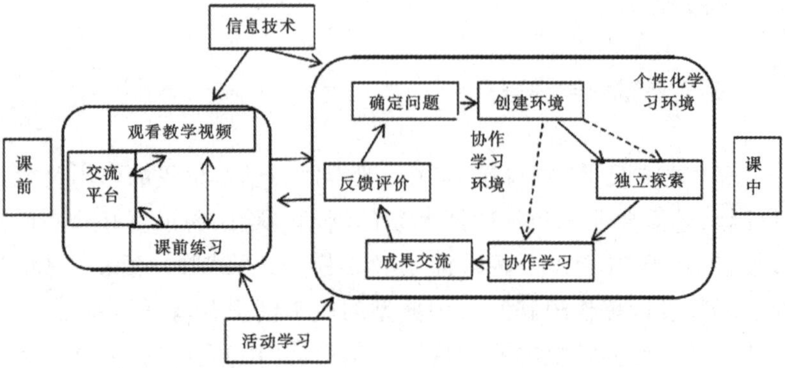

图 5-2 强调信息技术因素的翻转课堂教学结构模型①

河南师范大学李娟等人利用播客平台资源丰富的特点创设了“基于播客的翻转课堂模式”,此方式打破了学习资源仅源于教师的限制,学生也可以将自己的学习成果上传到播客。具体教学结构模型见图 5-3 和图 5-4。

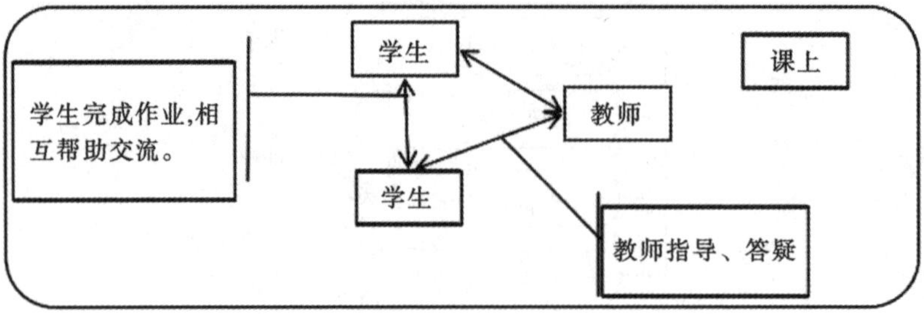

图 5-3 基于播客的“翻转课堂”②

① 张金磊等.翻转课堂教学模式研究[J].远程教育杂志,2012,211(2):46-51.
② 李娟,程静飞,程彬.基于播客的课堂教学改革——“翻转课堂”[J].轻工科技,2013,173(4):160-163.

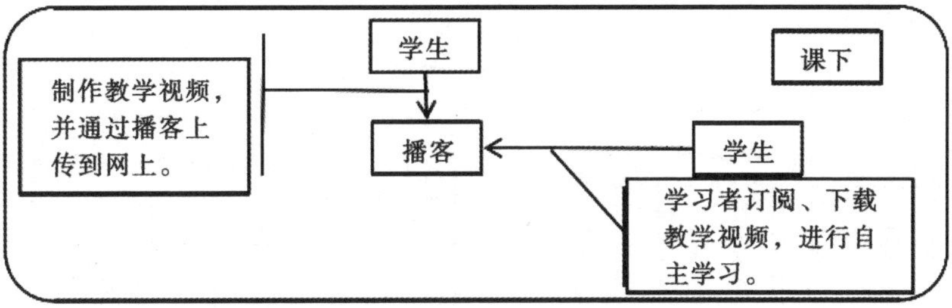

图 5-4　基于播客的“翻转课堂”①

河北大学的陈洁利用交互白板的记忆存储功能，提出了“基于交互白板翻转课堂的教学设计”，将课堂中学生的学习活动存储下来方便学生复习，帮助老师进行教学反思，具体教学结构模型见图 5-5。

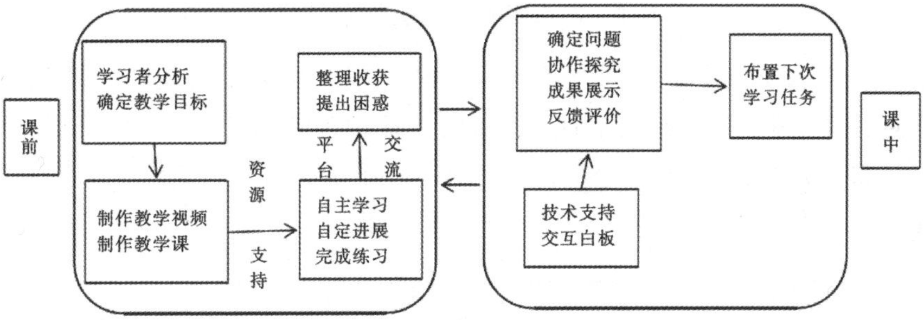

图 5-5　基于交互白板的翻转课堂教学模型②

东北师范大学王红等人在国内外典型案例的基础上结合国内教学实情，设计了“本土化的翻转课堂教学模型”，该模型注重活动细节安排的顺序性以及详尽性，突出了家长的监督作用，从而形成了“学生—家长—老师”三者之间的互动，具体教学结构模型见图 5-6。

---

① 李娟，程静飞，程彬．基于播客的课堂教学改革——“翻转课堂”[J]．轻工科技，2013，173（4）：160-163.

② 陈洁．基于交互白板的翻转课堂教学案例设计 [D]．保定：河北大学，2013.

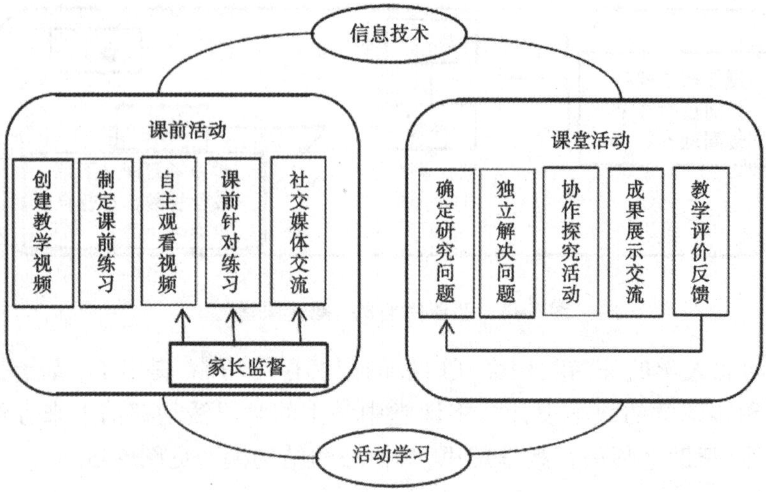

图 5-6　本土化的翻转课堂教学模型[①]

天津职业技术师范大学的王彩霞和刘光然构建了适用于中职教学的翻转课堂教学结构，创造性地设计了“知识补救”环节，一是可以让学生将整理的作品跟同伴分享，二是可以向有困难的学生提供学习资源，让其进行补救学习，具体教学结构模型见图 5-7。

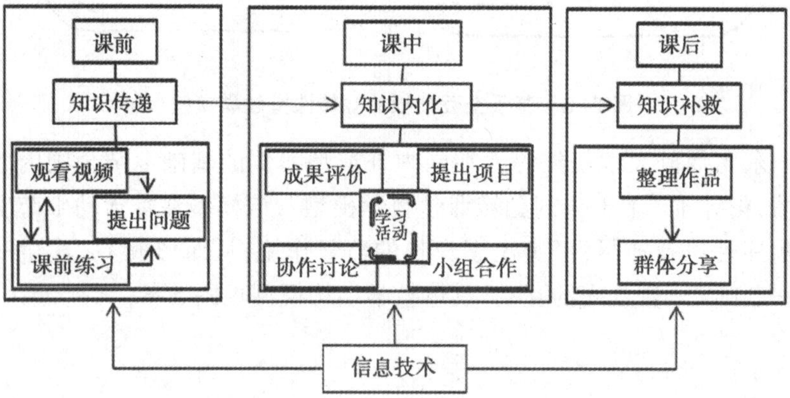

图 5-7　适用于中职课堂的翻转课堂教学模型[②]

① 王红，赵蔚．翻转课堂教学模型的设计[J]. 现代教育技术，2013，23（8）．
② 王彩霞，刘光然．翻转课堂优化中职课堂教学探析[J]. 中职教育，2013（6）：41-44.

综合上文可以发现，这些教学模型设计具有以下共同点。

从教学环节角度看，教学活动主要被分为课前、课中两个环节，课前要确定教学目标、设计学习内容、安排学习任务，一般通过观看教学视频搭配针对性练习的方式来实现；课中先确定研究问题，再通过独立探究、小组协作探究等方式解决问题，然后进行成果展示和教师反馈评价。

从师生角色的角度看，学生方面，一是学生成为整个学习活动的主体并贯穿课前、课中、课后全过程，“翻转课堂”充分调动了学生的学习积极性，发挥了学生的主观能动性，让学生更加积极主动地求学；二是学生根据教师提供的教学资源在获得基本知识的基础上进行自主拓展，深入学习。教师方面，一是要起到组织引导作用，根据课标要求以及学生学情来制订学习计划，为学生提供需要的学习材料，明确安排学习任务，让其脚踏实地学习；二是要针对学生提出的问题及时答疑解惑。

从教学方式角度看，“翻转课堂”强调了信息技术的重要作用以及师生在学习活动中的交互性。教师可以通过信息技术平台与学生进行实时互动，解答学生的疑问，引导学生进行深入思考。学生也可以通过信息技术平台与教师和同学进行交流讨论，分享自己的学习心得，共同解决问题。这种交互性的教学方式不仅能够激起学生更大的学习热情，提高他们的学习效果，还能够培养他们的团队协作能力和创新精神。

第二节　新媒体环境下高校思想政治翻转课堂教学模式的优势

一、满足思政课程发展的内在需要

思想政治理论课对教学内容和教学方式都有着比较高的要求，它要求教师不仅要达成知识传授的目标，还要致力培养学生的综合素质并培育其正确的价值观。随着新媒体与教育领域的不断融合，近年来高校教学方法日趋灵活，教学资源日益丰富，学生获取信息的途径也在不断拓宽，学生的主体性地位日益受到重视，传统的单向传授方式已无法有效应对新媒体时代所带来的挑战，单纯依赖知识灌输或许能让学生在短期内提升成绩、通过考试，但难以培养对其终身有益的能力。然而，课堂教学以传统教学模式为主的状况并未从根本上得到改变，课堂学习视频的引入多数情况下仅用于资料补充、活跃课堂气氛或导入新课，未能起到有效引导学生进行深入思考的作用，而形式化的课堂讨论因内容枯燥以及学生缺乏必要的课前积累，往往成为降低学习效率的关键因素，未能真正提高教学效果，也不能提升学生的个人学习能力。这些问题的根源在于对课前学习积累环节的忽视，以及对视频学习作用的过度夸大。

翻转课堂教学模式强调把课前自主学习与课中问题导向结合起来，为解决以上问题提供了新的路径。在这种教学模式下，学生在课前已对本节课内容形成总体把握，对关键问题有了初步个人见解，这使得课堂讨论更有意义，观点碰撞更加激烈，从而加深了学生对问题的理解。将视频学习移至课前，为课堂教学节省了宝贵时间，为深入讨论和实践操作提供了更多可能性，满足了思想政治理论课发展的内在需要。

二、契合学生高阶学习的内在追求

布鲁姆的“认知教育目标分类法”认为，个体在认知领域的目标从低到高依次是识记、理解、运用、分析、综合和评价，学生的学习是从低层次的学习目标向高层次学习目标不断前进的过程。传统的教学方式大多仅能实现学生对于知识的识记和理解，而高阶的学习目标如运用、分析和评价等，则往往依赖课后的练习。这种教学方式的缺陷在于对高阶学习目标的达成缺乏明确的评估标准，而且在常规的学业考试中难以全面考查学生的创新能力，因此在实际教学中，学生高阶学习目标的实现常常面临挑战。

思想政治理论课对学生综合素养的强调，以及新时代社会发展对学生创新创造能力的需求，都为课堂教学带来了新的挑战，即需要帮助学生实现高阶学习目标。翻转课堂教学模式恰好符合学生对高阶学习的内在需求。在课前，学生通过完成学习任务单和观看学习视频，能够达成识记和理解本节课基本知识的目标。在课中，教师会检查学生的学习情况，并通过问题引导的方式帮助学生将所学知识应用于实际问题。这种教学模式不仅有利于学生达成运用、分析、评价等高阶学习目标，同时也能激发学生的学习兴趣，使他们更为主动地探究问题的本质，从而为未来创新创造能力的培养打下基础。

第三节 新媒体环境下高校思想政治翻转课堂教学模式的运行策略

一、提升“翻转课堂”课前学习质量

学习效果是教学评价的重要标准之一。翻转课堂将传统的讲授模式转化为学生自主学习模式，对学生的主体性和自主学习能力提出了更高要求。从课前来看，目前高校存在学生自主学习质量不高的现象，造成该现象的原因有学生课前学习缺少教师监督、课堂外学习气氛不够浓厚以及教师未能及时对学生的问题做出反馈等。以下围绕精选自主学习材料、加大教师监管力度和及时进行学习反馈三个方面提出相应改进措施。

（一）精选自主学习材料

学生课前学习材料主要包含学习任务单和视频学习资源。任务单的宗旨在于明确本课的学习目标，通过简洁明了的文字指导学生完成学习任务。教师在制定学习任务单时，需充分考量学习内容的深度和广度，以及学生的现有学习能力，要控制学习量，避免过多高难度问题，要主要围绕本课的核心知识点和关键词展开。在表达方面，对于专业化的术语应解释清楚明白，确保学生能够理解。学生完成任务后可通过在线方式将学习成果提交给教师。

“翻转课堂”的学习资源涵盖微课与慕课视频资源。教师可以利用教学平台筛选高质量教学资源，也可根据学生对特定知识点的理解程度，自主录制课程视频。在条件允许的情况下，教师自主制作的课程视频更具针对性与实用性，更能贴近本班学生的实际学习需求。不论是选用线上视频资源还是自主录制，教师都应对视频内容进行严格筛选，确保视频内容与学习目标相符，同时具备一定的趣味性和较高的制作质

量，以有效激发学生的学习兴趣，助力其自主学习能力的提升。

（二）加大教师监管力度

高校翻转课堂教学模式对大学生的自主学习能力提出了较高要求。由于大学生课前自主学习的主要环境为教室、宿舍或家里，干扰因素较多，对于大学生而言，保持较高的学习自制力是一项不小的挑战。

为确保学生能够保质保量地完成课前自主学习任务，教师需承担起监督的职责。建议教师明确规定课前自主学习的完成时间，并要求学生在学习平台上进行打卡，以确保其按时参与学习。学生在自主学习过程中若遇到疑问，可自行记录，待教师统一解答。这样不仅能增强学生对课前学习的重视程度，还有助于培养其按时完成学习任务的自觉性。通过此种方式，学生的学习效率将得到提升，学习质量也将得到保障。同时，教师的参与和监督也将为学生形成良好的学习习惯提供有力支持。

（三）及时进行学习反馈

在完成课前自主学习任务后，学生可向教师提出疑问并寻求解答，教师要及时给予反馈。此后，口头提问将成为评估学生学习状况的重要手段，以确保每位同学都能得到适当的关注。提问时，教师应根据不同专业、年级学生的实际水平选择不同难度的问题，同时记录下学生的易错点和难点，为后续课堂教学提供有针对性的指导做准备。除了教师手动进行学习反馈外，还可将学习反馈自动化。具体而言，可以在平台内提前输入学习任务清单，系统根据学生的完成情况自动生成学习通关等级，使学习过程像闯关一样，激发学生的参与兴趣。学生每完成一个任务即可获得相应积分奖励，若无法通过，需说明原因，系统会提供解答，学生理解后重新作答，回答正确即可继续闯关。这种模式有助于学生自我检测学习状况，也能有效减轻教师负担。教师也可以尝试新的学习反馈途径，例如可以借鉴学习通 App 的学习任务完成进度监测与统计功能，精准掌握每位学生的学习情况。

二、提高"翻转课堂"课中教学实效

从课中来看,"翻转课堂"面临课堂教学活动设计缺乏衔接性、学生参与度不高以及课堂过程性评价不及时等问题,实效性有待进一步加强,主要原因是部分教师对"翻转课堂"的认识不够深入、个人组织管理能力有待提升以及部分学生参与"翻转课堂"的主动性有待加强。下面从基于问题逻辑展开教学活动、建立激励机制调动学生积极性和搭建学生学习成果展示平台三个方面提出解决问题的具体策略。

(一)基于问题逻辑展开教学活动

学生并非一无所知地进入课堂,基于翻转课堂的教学模式下,他们在上课前已储备了一定的基础知识。教师要在课前充分评估学生的学习状况,并据此适时调整教学策略。在时间条件允许的情况下,教师可以在课前通过口头提问的方式对学生的基础知识掌握情况进行摸底,为后续的问题导向教学活动做好铺垫。实施问题导向的教学活动需要教师精心构建基于问题的教学框架,这一框架的构建主要包括三个基本环节。

(1)系统梳理教材内容,以问题的形式提炼和展现知识要点,形成具有内在逻辑的问题体系,并根据问题的性质和难度合理安排提问顺序。

(2)提问过程中应遵循"是什么""为什么""如何做"的逻辑顺序。

(3)通过对比学生的问题集合与教材问题体系,形成逻辑上的关联,从而展现本节课的学习重点和问题逻辑。

这种精确的问题链构建与实施能够确保课堂教学环节的连贯性和有效性,从而更好地结合教材和学生实际,显著提升教学活动的效率和质量,确保教学活动的实际效果。

(二)建立激励机制调动学生积极性

在当前应试教育的环境下,学生普遍将考试和取得优异成绩视为学习的核心驱动力,部分学生为了追求更高的综合成绩,将主要学习时间集中在专业课程上,甚至在思政课上自学其他科目。这种以终结性评价为主的教育方式,严重影响了学生学习思想政治理论课的积极性。部分学生在参与教师组织的小组合作学习时仅停留于表面形式，其认知层次并未真正转移到思想政治理论课的学习上，这种学习态度不仅影响了自身的学习效果，还可能对其他同学的学习积极性产生负面影响。在这种情况下，课堂活动往往难以达到预期效果，既浪费了宝贵的课堂时间，又无法有效提升学生的学习质量。

为解决这一问题，教师需要构建一套行之有效的课堂活动激励机制，及时对学生的课堂表现给予积极的反馈。教师可以通过口头表扬、平时成绩分数奖励等多种方式全面关注并回应每一位学生的表现。例如，教师可以采用计分奖励的方式将全班学生分为若干小组并选出学习组长，并为每个小组分配不同的学习任务，对于提前保质保量完成任务的小组，教师可以给予较高的平时分数奖励，以此形成小组间的竞争机制。此外，教师还可以随机抽查各小组成员对教学内容的掌握情况，根据回答情况赋予其所在小组的任务完成分数，总分数最高的小组可获得额外奖励。这种方式不仅确保了每位学生都有被关注提问的机会，增强了学生对课程及教师的认同感，而且使小组成员之间的分数利益紧密相连，从而促使他们自觉地相互监督，共同提升学习效果。

（三）搭建学生学习成果展示平台

为了更有效地达成学习目标，教师可以为学生设计多元展示机会，包括但不限于小组讨论、小组合作学习、辩论对抗、个人演讲等形式，全方位展现学生的专业能力和对课堂内容的理解水平，以提升其辩证思维能力。以小组合作学习为例，无论是线上还是线下教学，都可以让学生在小组讨论后通过“上讲台”的方式进行展示，这种方式使学生处于全班同学的注视下，能有效地提高他们的学习专注度。此外，也可以要求小组全体成员上讲台简要介绍各自在小组学习中的角色与贡献，这种方式能激励学生更积极地参与小组学习，认真完成分配的任务，进而提升其学习主动性。由于每个小组负责一个专题，学生成为课堂知识学习与分享的核心，教师需对小组成果进行评价与总结，以确保学习活动的有效性，也为提升教学质量奠定坚实基础。

三、强化“翻转课堂”课后反思提升

从课后来看，部分教师对“翻转课堂”的本质内涵认识不够清晰，制作课程视频的能力有待提升，造成这种现象的主要原因是部分教师对“翻转课堂”的教学价值认识不足、安于现状不愿轻易尝试新鲜事物以及应用“翻转课堂”的信息技术能力有所欠缺。为了解决这一困境，部分教师需要进行课后反思，进一步提高专业素养。教师专业素养的提升主要包括提高教育反思能力、转变教育教学理念以及提升信息技术能力三个方面。

（一）提高教育反思能力

“翻转课堂”在思想政治理论课教学中的持续优化与提升关键在于一线教师的深度反思与实践。教师需要审慎思考课前学习材料的筛选、监管力度的强弱，并确保及时反馈机制的完善，这种反思不仅有助于教师扩充知识库，更能提升教学效果。教师应针对每堂课的教学效果和学生的实际学习成效进行细致的复盘与反思，评估课堂教学的实效性，构建教学活动的问题逻辑，建立激励机制，打造学生学习成果展示平台。对课堂教学具体实施的反思有助于教师灵活调整后续的教学节奏和设计，从而优化教学效果。教师的自我反思是其专业成长的核心要素，应积极总结教学中的不足之处，并据此调整课前学习任务单的安排、学习资料的选取以及课堂活动的设计，为未来的教学积累经验。部分教师满足于当前教学状态，往往缺乏深度的教学反思，这种安于舒适区的心态不利于教师的长远发展。鉴于此，培养自我反思的能力对于教师素养的持续提升至关重要。

（二）转变教育教学理念

部分教师不愿脱离传统教学模式，不愿尝试“翻转课堂”模式，这主要源于他们未能及时更新教育教学理念。在传统教育观念中，教师仅需专注本课程的教学，备课几轮甚至一轮后，教案便可沿用多年。然而，现代教育理念强调教师要终身学习，不仅要求其掌握专业学理知识，还需关注社会热点问题，及时更新知识储备，若教师不积极转变学习态度，便难以接纳和消化新的教育理念。以“线上教学”为例，部分教师因办公的压力才开始接触并学习线上教学流程，这种变化并非出于教师对教育理念的主动探索，而是受到外部环境的影响。否则，这些教师可能不会对“线上教学”在思想政治理论课中的应用给予太多关注，更难以深入理解其本质，因此，转变教师的教育教学理念至关重要。教师应充分利用课后时间进行自我能力的提升，紧跟时代步伐，根据学生的学习情况和课程内容选择合适的教学模式。只有积极尝试新的教学方法，为学生提供更优质的学习体验，教师才能在教学改革中提高个人能力，进而实现教学效果的显著提升。

（三）提升信息技术能力

部分教师在应用“翻转课堂”时存在信息技术方面能力不足的情况，特别是在课程视频制作方面，教师普遍缺乏经验和技巧，导致课程视频缺乏针对性和实效性。针对教师在课程视频制作过程中遇到的困难与问题，可以采取以下措施。

高校组织教师进行课程视频制作的集体学习，了解相关制作流程、技术要求和评估标准等系列内容，通过集中学习和交流，教师还可以相互借鉴经验，提高制作水平。

高校积极采购其他学校或教育机构的优秀课程资料，这些资源不仅可供教师学习借鉴，还可以作为本校的教学资源，丰富教学内容和形式。在教师制作课程视频能力与时间有限的情况下，这些优质资源可以确保教学工作的顺利进行。

此外，学校还可以推行集体备课制度，鼓励教师之间开展深度合作，通过集体备课，教师可以共同研讨教学方案，分配课程视频录制任务，每个专题或章节的教学内容可以安排一到两名教师负责录制，并将成果共享给其他教师。这种任务分配方式既能降低教师的备课工作量，又能促进教师之间的交流与学习，共同提升信息技术能力。

四、营造适合“翻转课堂”的良好教学环境

(一)加强硬件设施建设

受高校教育理念及教育发展不均衡等多种因素的影响,各地各校在信息化程度上存在显著差异,例如有的高校存在机房设施不健全、多媒体设备落后、未实现校园无线网络信号全覆盖等教学资源不足的缺陷,在此背景下,学生课前利用课程视频学习的可能性大幅降低。尽管“翻转课堂”的课前学习并不完全依赖电子设备,学生通过完成学习任务单亦能完成学习任务并体现以学生为中心的教学模式本质,但电子设备确实为“翻转课堂”提供了丰富的可视化学习资料,有助于提高学生的学习效率。因此,高校应重视并加速教学硬件设施的建设。

此外,若课堂缺乏现代化电子教学设备,教师将无法播放教学视频和展示课件,而教学视频具有直观、动态、交互及针对性等优势,教学课件则能快速展示思维导图和具体案例,这势必会在一定程度上影响“翻转课堂”的教学效果。为节约学生的学习时间,最大化其学习效率,确保学生专注学习,高校可考虑构建校内公共信息使用平台,组织学生进行集中学习,既夯实学生的基础,又培养信息搜集和自主学习能力。因此,高校应增加多媒体教室和机房数量,为学生的学习提供必要的信息化硬件支持。

(二)组织教学展示竞赛

为提高教师运用“翻转课堂”的专业能力,高校可以组织教学竞赛,一方面供教师展示教学水平、相互学习,另一方面实现以赛促教、以赛促学、以赛促改和以赛促建。

例如以“翻转课堂”为教学方式,让教师自主选择教学内容,于规定时间内进行课堂教学展示,高校组建评委团进行客观评价,表现优异的教师可获得相应的表彰奖励。这不仅为经验丰富、紧跟教学改革的教师提供了展示机会,他人评价亦能增强教师的工作认同感和成就感,从而进一步激励他们继续深化教育教学研究,同时,对于教学改革积极性不

强的教师,竞赛不仅帮助其汲取他人教学经验,还能启发他们进行深刻的教学反思,促使他们跳出舒适区,积极追求个人成长。教学竞赛也为新入职教师向优秀教师学习提供了机会,帮助他们打开教学思路,积累间接教学经验,为教学团队注入活力。

(三)确保能够还教于师

部分教师在学生课前学习监管方面存在疏忽,且未能及时对学生的学习问题给予反馈。针对此现象,可以从以下两个方面进行改进:一方面,教师需重视并加大对学生课前学习的监督检查力度;另一方面,高校应重新审视其管理策略,真正做到还教于师。部分高校过于追求形式化工作,给教师分配大量与教学无关的任务,包括但不限于参加各类会议、出席各种活动、重复提交各种材料等,导致教师用于教学设计的时间严重不足,他们只能在很短的时间内匆忙完成教学任务,在这种情况下,教师自然无法抽出足够的时间进行教育监管、教学反馈以及深入的教研工作。长此以往,不仅教学质量难以保证,教师也难以全面了解每个学生的学习状况并实现因材施教。

教师的核心职责是教书育人。给予教师充足的时间,他们才能有足够的精力做好教学工作。因此,高校应重视这一问题,合理分配教师的工作任务,确保他们有足够的时间和精力投入教学工作。

第六章 新媒体环境下高校思想政治混合式教学模式

在新媒体环境下，传统教学模式受到挑战。不可否认，新媒体技术与教学的结合越来越紧密，新媒体技术的发展一方面实现了高校线上线下混合式教学模式的创新与发展，推动教学模式朝着现代化、信息化方向发展；另一方面促进教育理念的转变，让教育朝着公平化、均衡化方向发展。因此，深入研究新媒体环境下高校思想政治理论课线上线下混合式教学模式具有重要的现实意义和理论价值。

第一节　混合式教学及混合式学习

一、混合式教学

（一）混合式教学模式的发展

21世纪前后，为满足培训对象时间和地点的多样性需求，企业逐步探索出将传统培训和线上培训相结合的培训方式，并取得了较好的成效。在教育领域，随着信息技术的迅速发展，基于网络媒体的在线学习（E-Learning）因其具有4A（Anytime、Anywhere、Anyway、Anyone）特性而受到广泛关注和推广，这给传统教学模式带来了前所未有的挑战。早期的网络教学给学生和老师提供了极大便利，但很快人们就在教学实践过程中发现了网络在线学习存在的局限和问题，如师生情感交流缺乏、学生学习状态不佳，仅有部分学生能够在没有教师监督下进行有效自主学习，教学质量无法保证等，这引起了学界对网络在线学习的反思。为了让学生真正受益于网络在线学习，教育家们借鉴企业传统培训和线上培训相结合的培训方式，将网络在线学习与传统课堂教学有机结合，混合式教学模式由此产生并逐渐在教育领域流行起来。

纵观混合式教学模式发展历史，自20世纪末发展至今，可从关注视角的不同将其划分为三个阶段，即关注技术的技术应用阶段、关注教师的技术整合阶段和关注学生学习的“互联网+”阶段。

1. 技术应用阶段（20世纪90年代末—2006年）——技术视角

在20世纪末，混合式教学模式应运而生，这一创新教学模式引发了全球范围内教育界的广泛关注。这一时期，多数研究者对混合式教学的理解和探讨主要聚焦于其物理特性，强调信息技术在教学过程中的关键地位。例如，琼斯（Jones）等学者根据信息技术在混合式教学中的应用程度，将其划分为四个层次：无技术支持的纯面授教学、信息技术的基本应用、信息技术促进教学以及信息技术起主导作用的纯网络教学。[①]

首先，无技术支持的纯面授教学指的是在教学过程中完全没有使用信息技术，仅依靠教师面授进行教学，这种教学模式虽然传统，但仍然在一些地区和教育机构中广泛存在。

其次，信息技术的基本应用是指在教学过程中教师开始引入信息技术，如使用多媒体教学、利用网络资源教学等。

再次，信息技术促进教学是指信息技术在教学过程中深入应用，不再只是辅助教学，而是成为教学的重要组成部分。这种模式下，教师和学生可以充分利用在线平台、网络课程等信息技术手段进行互动和交流。

最后，信息技术起主导作用的纯网络在线教学是完全基于网络环境的教学，教师和学生通过网络进行教学活动，信息技术在这里起到了核心作用。

这个阶段的研究者们普遍认为混合式教学是一种从无技术支持的传统课堂纯面授教学向纯网络在线教学过渡的教学模式，信息技术在教学活动中的应用比例成为认定混合式教学的关键标准。

2. 技术整合阶段（2007—2013年）——教师视角

自2007年以来，混合式教学模式在我国教育领域的研究与实践不断深入，其定义逐渐明晰，在此之前，混合式教学往往被视为传统面授教学与在线教学之间的过渡阶段。然而，随着教育界对这一领域的关注度不断提高，部分学者开始不再将混合式教学视为一种过渡的、临时的教学模式，而作为一种全新的、独立的教学模式。

这种独立的混合式教学模式不再仅仅是对传统教学和在线教学的简单叠加，其体现了一种全新的教学理念。许多学者从教学策略、教学方法、教学程序等不同维度对混合式教学进行了深入的剖析，其中，学者布鲁克（Bliuc）的观点最具代表性。他认为，混合式教学描述了一种全新的教学方式，它将现实中的面对面互动和网络中的点对点交流进行

① 冯晓英，王瑞雪，吴怡君．国内外混合式教学研究现状述评——基于混合式教学的分析框架[J]．远程教育杂志，2018，36（03）：13-24.

了有机结合。在这种教学模式下，学生与学生、学生与教师、学生与教学资源之间的互动变得更加丰富多元，这种互动方式的变革不仅提升了教学效果，也使学生的学习体验得到了极大的提升。①

混合式教学模式的提出标志着教学方式的创新有了新的突破，它将传统教学的优势与现代科技相结合，为教学模式发展提供了新的可能。如今，混合式教学已经逐渐成为教学模式的主流发展趋势，越来越多的学校和教师开始尝试和推广这种教学模式。可以预见，在未来，混合式教学将在教育领域发挥更加重要的作用。

3. “互联网 +”阶段（2013 年至今）——学生视角

随着信息技术的进步，特别是“互联网 +”时代的到来，人们对混合式教学的认识与了解更加深入。在该阶段，混合式教学从另一角度被定义为一种新的学习体验。不同于前两个阶段的是，在该阶段学者们对混合式教学的关注点由教师教学转移到学生的学习与发展，越来越多的学者提出混合式教学模式并非简单的技术与课堂相混合，而是为学生营造一种能激发其学习活力、彰显其主体地位并实现个性化发展的学习体验。如古德伊尔（Goodyear）就曾强调混合是在以学生为中心的教学理念与原则下教与学的混合。② 因此，在理解和把握混合式教学时，不能将其当作传统课堂教学的替代品和辅助物，而应视为帮助学生发展、促进教学质量提高、推动教育改革的现代教学模式。

通过以上梳理，从不同时期混合式教学关注点的变化中不难发现：人们在认识混合式教学的过程中，对其物理特性的关注逐渐弱化，而对其教学特性的关注逐渐增强。此外，从探究中还可发现混合式教学模式的研究趋势：一是微观方面更深入，更加注重混合式教学中主体的研究；二是宏观方面更丰富，更加关注与其他学习方式相结合，促进学科专业一体化建设。混合式教学的发展呈多元化、专业化态势。

① Maria A. B., Grant C, Agnieszka B., et al. Blended learning in vocational education: teachers' conceptions of blended learning and their approaches to teaching and design[J].The Australian Educational Researcher,2012,39(2): 237-257.

② 克莱西 · 拉潘塔，卢卡 · 博图里，彼得 · 古德伊尔，等 . 正确处理技术、教学法和新常态三者关系：后新冠疫情时代高等教育的挑战 [J]. 中国远程教育，2022(03): 26-41+77.

（二）混合式教学模式的内涵

混合式教学模式从产生至今已有二十多年历史，在其发展进程中，不同学者的解读虽然存在差异，但也有一个普遍共识，即混合式教学是线上网络教学与线下课堂教学的有机结合，混合式教学区别于线上网络教学和传统课堂教学，但又与二者相联系。

1. 线上网络教学

思想政治理论课作为一门与社会生活紧密相连的课程，既具有很强的综合性，也具有引领性和实时性，因此，教师在教学观念上也需要紧跟时代步伐，并不断创新教学方法和手段。特别是在数字技术日新月异的背景下，网络教学的应用已经成为一种必然趋势，为了满足课程发展的要求，教师应当充分利用网络教学的优势，将其融入思想政治理论课教学，这样不仅可以拓展教学资源，还能及时为学生提供最新的时政知识，帮助他们拓宽视野。在这个过程中，教师要善于融合创新教学方法，使网络教学与传统教学相结合，提高教学效果。

首先，教师应充分利用网络教学平台为学生提供丰富的教学资源。这些资源可以包括政策法规、典型案例、热点问题解析等，以帮助学生更好地理解课程内容。此外，教师还可以通过网络平台与学生进行实时交流，解答他们在学习过程中遇到的问题。

其次，教师要关注网络教学的实时性。时事政治具有很强的时效性，教师要善于抓住新闻热点并将其融入教学过程，这样既可以激发学生的学习兴趣，也有助于提高他们的政治觉悟。同时，教师还可以引导学生关注国内外政治、经济、文化等方面的动态，培养他们的国际视野。

最后，教师在开展网络教学时要注重课程的综合性。思政课不仅涉及理论知识，还涉及实践应用。因此，教师要善于将理论知识与实际案例相结合，通过网络教学平台开展实践活动，让学生在实践中提高政治素养。

2. 传统课堂教学

传统课堂教学是指教师在课堂上与学生面对面交流，通过面授讲解使学生掌握知识，完成教学任务的教学方式，是思想政治理论课应用最频繁的教学模式。传统课堂教学保证了教师可以有固定的时间和空间为学生进行系统化地授课，还可以通过与学生面对面交流，进行情感沟通。至今，传统课堂教学模式以其独特优势在现代教学中仍发挥着不可替代的作用。

3. 混合式教学

随着信息化在教育领域的深入，混合式教学得到了普遍关注和快速发展，可以说混合式教学是现代教育改革的创新热词之一。在国外，美国学者迈克尔·霍恩（Michael B.Horn）认为混合式教学包括三个部分的内容：一是在线学习，即至少有一部分知识是学生通过在线学习获得的；二是在教师监督和指导下进行的学习，即学习过程中学生的一部分知识与技能是在教师督导之下获得；三是一种综合性的学习体验，即前面两种学习路径是相互关联的，学生拥有线上线下学习的综合性体验。[①] 在国内，何克抗教授认为混合式教学就是要把传统学习方式的优势和网络学习的优势结合起来。在这种教学模式下，不仅要发挥教师的启发、引导和监控的主导作用，还要体现学生的主动性、积极性和创造性。[②] 这是在国内外得到广泛认同的两种观点。

混合式教学是一种将线上网络学习和线下传统课堂教学的各自优势相结合的教学模式。对于其内容的理解需要注意以下几点：第一，混合式教学中的线上网络学习并非线下课堂教学的辅助，而是必备活动，线下课堂教学并非传统课堂教学活动的照搬，而是其深化与拓展[③]；第二，混合式教学中的“混合”是狭义的，特指“线上”与“线下”的混合，

---

① 迈克尔·霍恩，希瑟·克莱顿·斯泰克．混合式学习：用颠覆式创新推动教育革命[M]．聂风华，徐铁英，译．北京：机械工业出版社，2015.

② 何克抗．从 Blending Learning 看教育技术理论的新发展[J]．国家教育行政学院学报，2005（09）：37-48+79.

③ 张兆玲．混合式教学在语文教学中的实践与反思[J]．天津职业院校联合学报，2020，22（02）：53-56.

不谈及教学理论、方法及组织形式等其他多种要素的混合，因为教学本身就含有广义的“混合”特征，因此从广义角度理解“混合”的意义不大；第三，混合式教学没有统一的模板，但有统一的追求，即充分发挥线上网络学习和线下课堂教学的各自优势，以提高学生学习效率与质量。对于混合式教学模式的解析如图6-1所示。

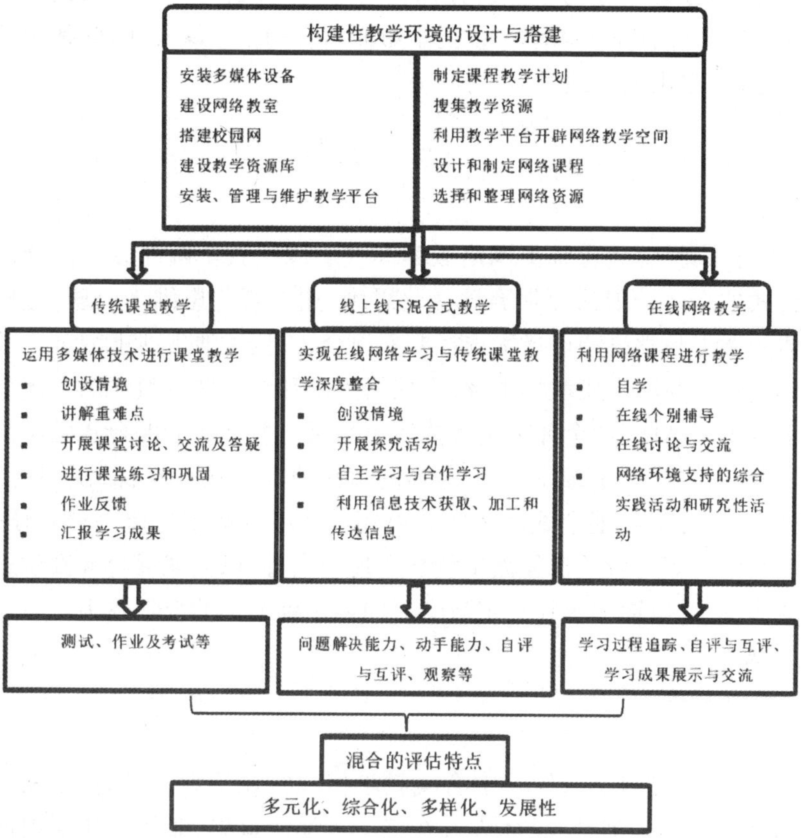

图6-1　混合式教学模式的解析

（三）混合式教学模式的特征

1. 混合性

混合式教学不同于单一的传统课堂教学和在线网络教学，混合性是该模式最大的特征，它有机结合了传统课堂教学和在线网络教学两种独立教学模式，充分发挥二者优势，以实现教学质量的提高和教学效率的提升。首先，在线网络教学的优势得以保留。在线网络教学能够突破时空限制，使学生学习时间和地点不再拘泥于课堂和教室，学习内容也不再局限于教材[①]。其次，传统课堂教学的优点也得以保留。在传统课堂中，教师可以系统地为学生讲授课程内容，面对面的教学互动也可以在一定程度上弥补学生因单一线上学习而出现的情感缺失问题，帮助学生健康全面、自由完善地发展。

2. 整体性

混合式教学包含线上网络教学和线下课堂教学两部分。混合式教学模式的有效开展需要摒弃碎片化思维，用综合化思维来处理，即根据具体的课程和学科特点择优选择要素组合，以构建线上线下混合式教学高效课堂。在混合式教学中，线上网络教学和线下课堂教学两个环节均必不可少。因此，两个环节是否能完美衔接过渡就成为混合式教学开展成功与否的关键，特别是知识内容的衔接应做到由浅至深，层层递进。此外，教师在进行混合式教学实践时还需要结合教学规律、原则、任务、方法及条件等对教学过程做出科学合理的安排，以实现混合式教学过程的整体优化，从而追求在规定教学时间内达到最佳的教学效果。

3. 发展性

相对于传统课堂教学，混合式教学模式实现了学习时间、空间与内容的开放性与发展性，具体表现在三个方面。首先，时间上从课内向课外延伸；其次，空间上从教室向网络空间拓展；最后，内容上从教材向广泛资源扩充。丰富的网络资源拓宽了学生的视野，为学生全面、个性化发展创造了有利条件。可见，混合式教学模式具有前沿性、时代性和开放性的特点，该模式的运用有利于培养和发展学生的创造性和发散性思维，提升学生综合能力。

---

① 王铀 . 混合式“金课”的内涵、特征及建设要素 [J]. 教师教育学报，2021，8（06）：70-76.

4. 高效性

混合式教学模式坚持以学生为中心，鼓励学生在教师指导下主动建构知识体系。在混合式教学的线上环节，学生可以根据自己的认知水平、个性发展需求及兴趣爱好等自主学习新知识；在混合式教学的线下环节，学生在教师指导下对学习内容进行建构与加工，从而掌握知识、增强能力并提升思想境界。此外，学生在课后可以再次通过平台进行学习巩固，老师和学生在这一过程中对学习情况进行充分了解，进而实现学生精准学习、查漏补缺，老师精准辅导、因材施教。① 可见，混合式教学模式有助于教学的高效开展。

二、混合式学习

混合式学习是一种将传统面授与在线学习优势相结合的学习模式，近年来在我国教育领域获得了广泛的推广与应用。此模式结合了课堂学习、网络自学及小组讨论等多种学习手段，旨在最大程度地发挥教师与学生的主动性，提升学生学习效果。

在混合式学习中，教师角色发生显著变化，他们不再是单纯的知识传递者，而转变为引导者和指导者，辅助学生进行自主学习。为了更有效地实现这一目标，教师需要依据课程内容和学生需求设计有针对性的教学方案，并对课程内容进行合理划分，以便学生能够循序渐进地完成各项学习任务。在此过程中，培养学生的自主学习能力成为教师的核心任务，同时引导他们形成良好的学习习惯也至关重要。

与此同时，混合式学习也为学生提出了新的学习要求。学生需充分利用课程视频、课件和文献资料等教学资源，进行独立自主的学习，此外，积极参与小组讨论、与他人分享学习心得，这对于提高学生的沟通能力，培养团队协作精神也至关重要。在这种学习模式下，学生需学会如何有效管理时间，合理安排学习进度，以实现高效学习。

混合式学习的成功实施依赖先进的信息技术支持，因此，学校应加大投入，改善网络硬件设施，为师生提供一个便捷、高效的信息交流平

① 王钿．混合式“金课”的内涵、特征及建设要素[J]．教师教育学报，2021，8(06)：70-76.

台。同时，教育部门也应积极推动教育教学改革，引导教师转变传统观念，提升混合式教学水平，为培养具有创新精神和实践能力的新一代人才贡献力量。

第二节 新媒体环境下高校思想政治混合式教学模式的优势

在新媒体环境下实施高校思想政治理论课线上线下混合式教学，要求教师充分挖掘和利用线上线下教学资源，同时关注学生的需求和兴趣，提供有针对性的教育内容，以促进其全面发展。这种模式有助于实现立德树人的教育目标，为培养社会主义的建设者和接班人提供了有力支持。新媒体为高校思想政治理论课采用混合式教学模式提供了强大的技术支持，可以说，在新媒体环境下，高校思想政治理论课采用混合式教学模式具有显著优势。

一、教育主客体更具平等性

习近平总书记曾深刻指出："要坚持主导性和主体性相统一，思政课教学离不开教师的主导，同时要加大对学生的认知规律和接受特点的研究，发挥学生主体性作用。"[①] 这一重要论述为新时期高校思政课教学改革指明了方向。随着科技进步，新媒体的崛起为高校思政课注入了新的活力，也带来了新的挑战，要真正实现教育主客体之间的平等对话与有效互动，就必须深入探索并实践新媒体技术的创新应用，从而优化教学模式，提升教学质量。在新媒体环境下，高校思想政治理论课的教育目标应聚焦于在发挥教育主体主导性的同时充分激发教育客体的积极性，使其在教学进程中扮演更为积极的角色，为此，教育主体应加强对教育客体认知规律与接受特点的研究，以构建更为和谐的教育主客体关系。

① 习近平．习近平谈治国理政(第三卷)[M]．北京：外文出版社，2020：331．

新媒体环境为教育主客体之间的交流互动提供了便捷的渠道，在该环境下推行混合式教学模式，空间限制被上述平台打破，教育主客体之间的交流更加紧密。教育主体利用钉钉、腾讯会议等线上沟通与协作平台开展实时授课，而教育客体则积极参与讨论、表达观点，他们可以利用线上平台的语音、文字等功能实时反馈疑问和见解，并与其他教育客体形成有效互动。这种模式不仅凸显了教育客体在教学过程中的主体地位，还促进了教育主体与教育客体、教育客体与教育客体之间的平等对话。此外，在共享教学资源的基础上，教育主体与教育客体可以共同采用合作式与探究式教学（学习）法进行线下研讨，这种轻松、自由、愉悦的氛围有助于教育客体更加主动地参与讨论，从而自觉接受教育、提高素养。

二、教学过程更具针对性

混合式教学模式作为一种创新的教学方法，巧妙地结合了慕课、微课等线上教学视频的技术优势，视频时长短小、重点突出，不仅贴合学生的认知特点，有利于其集中注意力，还能提高教学效果。

通过线上教学视频，混合式教学模式打破了传统课堂的时间与空间限制，学生可以根据自身情况灵活调整学习进度，实现有针对性的个性化自主学习，同时，视频的多种功能如暂停、回放、快进等，有助于学生深入学习和巩固知识。

教师可在视频中设置测试环节，以检验学生对知识点的掌握情况。测试内容由简到难，使学生在检测学习情况的同时巩固所学内容，并从中获得成就感，从而激发其学习兴趣。

此外，线上教学平台记录了学生的学习轨迹，形成了宝贵的数据资源。这些数据为教师提供了精准的教学反馈，有助于更好地了解学生的学习状况，并据此调整教学策略。同时，学生也可以通过查看自己的学习记录查遗补漏，发现薄弱环节，进行有针对性的强化学习。

三、教育资源更具丰富性

教师在授课过程中需确保教学具有明确的目标和丰富的内容，而丰富多样的教学资源是实现此目标的关键要素。混合式教学模式不仅极大地拓展了思想政治理论课教学资源的获取途径，还加强了线上与线下教学的融合，优化了教学资源的配置。思想政治理论课的教学资源主要来自两大方面：首先，各类教学平台提供了大量教学资源，涵盖教案、课件、视频等多种类型；其次，教师在教学过程中收集的直接反馈以及通过新媒体技术分析网络教学平台数据得出的间接反馈也是重要资源。与此同时，学生的学习资源同样来自两方面：教学内容本身和其他学生分享的资源。学生不仅是学习资源的接受者，也是创造者。教师可充分利用和发挥学生的主体性，通过线上平台与课堂教学等方式分享他们收集到的教学资源和独特见解，以丰富教学内容，提升教学质量。

在混合式教学模式下，教师构建了整合各类学习资源的一站式学习平台，便于学生根据自身兴趣和特点选择和获取相应资源，实现个性化学习，拓宽知识领域。此外，教师还可以通过数据分析了解学生的学习情况，为他们提供更具有针对性的指导，进一步优化教学过程。

在以新媒体技术为支撑的网络平台上，学生能够有针对性地获取更为丰富的学习资源，为提升教学效果提供了有力保障。同时，这种模式有助于培养学生的自主学习能力，激发其学习兴趣和积极性，从而有效实现教学目标。总之，混合式教学模式为思想政治理论课教学带来了更多可能性和创新空间，促进了教师与学生之间的良性互动，推动了教育教学改革的深入发展。

四、教学反馈更具客观性

在新媒体环境下，高校得以借助科技的力量获取更加全面和客观的教学反馈，从而推进教学管理的精细化。长期以来，教学反馈作为教育管理的核心环节一直受到广泛关注。然而，传统教学模式下教师主要通过课堂观察、学情分析、班级活动以及课外实践等方式收集教学反馈，尽管这些方法在一定程度上有助于了解学生的学习状况，但受到技术的限制，所获取的反馈信息往往有限且不够全面和客观，不能全面深入了解每个学生的学习情况，难以支撑精细化的教学管理需求。

随着科技的不断进步和社会的全面发展，高校逐步认识到要实现教学管理的精细化必须获取更加全面、客观的教学反馈，教师可以通过网络教学平台实时监测学生的学习时长、知识掌握情况等，通过新兴技术（如大数据分析、人工智能等）对海量信息进行分析并提取有价值的内容，以此为基础对学生学习状况进行更加全面、客观的评估。

通过大数据分析，在全方位获取教学反馈的基础上，教师能够针对学生的不同需求实施精准教学，提供更加个性化的教育教学服务，优化教育资源配置，助力学生在学业和综合素质方面取得提高。同时，教师还能通过数据分析及时了解学生的学习状况、习惯等变化，通过挖掘及分析相关数据，可以更有效地组织学习活动，激发学生的学习兴趣和参与度。这种新型管理方式使教师能够更系统地掌握学生的学习动态，为实施精准化教学管理提供了坚实保障。当然，在此过程中必须重视保护学生的隐私和个人信息安全，并确保数据的可靠性与安全性。

新媒体环境下的教育管理实现了从传统观察式管理向数据驱动管理的转变，这一转变的关键在于新媒体技术的充分运用。教师可以利用新媒体技术收集和分析学生的学习数据，将教学管理建立在更加客观、公正的数据基础之上，从而提升教学管理的质量和效果。

五、考核评价更具全面性

相较于传统的思想政治理论课考核评价，混合式教学模式下的考核评价更能体现教育公平和素质教育的要求。传统的思想政治理论课考核评价主要分为过程性考核评价和总结性考核评价，虽然这两种评价方式均旨在衡量学生的学习情况，但由于班级人数众多、观察视角有限，难以保证评价的精准度，难以真实、全面地反映学生在思想政治理论课上的表现。此外，传统考核评价方式中的过程性评价也往往受限于教师的主观情感因素，无法客观总结反映学生的真实学习情况。

相比之下，混合式教学模式下的考核评价更具优势。这种评价方式基于学生的数据，运用大数据计算等技术手段首先排除了主观性因素的影响，使评价结果更加客观公正，此外，在立德树人这一根本任务和学生全面发展的要求指导下，教师从知、情、意、信、行等多个维度出发，遵循学习规律，设定科学合理的考核评价标准，对学生进行分层次多阶段多次考核，教师在数据分析和考核结果的基础上结合学生在课堂上的具体表现，可以更加全面地了解学生对知识的理解、掌握和应用情况，以及教学互动过程中知识内化于心、外化于行的效果。

第三节 新媒体环境下高校思想政治混合式教学模式的运行策略

在新媒体环境下，高校思想政治理论课采用线上线下混合式教学模式已成为教学改革的重要方向。这种教学模式通过整合教育资源、拓展教学手段，进一步提高教育质量，培养学生的综合素质，然而，其在具体实施过程中也面临着一些挑战和难题。

一、新媒体环境下高校思想政治理论课混合式教学模式具体实施中遇到的问题

（一）思政教师素养有待提升

在混合式教学模式下，思政教师扮演着至关重要的角色，他们不仅需要具备扎实的专业知识，还需要掌握现代信息技术和教学技能，以便更好地利用新媒体资源开展教学活动。然而，目前一些思政教师的信息技术应用能力还不够强，对新媒体资源的整合与利用能力有待提高。

具体来说，一些思政教师在面对新媒体资源时往往只是简单地将其嵌入传统的教学流程，缺乏深入的整合和创新，未能充分利用新媒体的互动性、即时性和个性化特点，无法有效地激发学生学习和参与的兴趣。此外，一些教师对于新媒体技术的运用也比较生疏，缺乏必要的培训和学习，导致教学效果不尽如人意。

（二）学生主体地位不够凸显

在当前的教育教学改革浪潮中，混合式教学模式以其独特的优势受到了广大师生的青睐，然而在这种教学模式下，学生的主体地位是否得

到了充分凸显，仍是一个值得深思的问题。

从理论上讲，混合式教学模式应该充分尊重学生的主体地位，让学生成为学习的主角。这意味着在教学过程中，教师应该尽可能地引导学生主动思考、积极探索，而不是简单地灌输教学内容。然而，不难发现，在实际操作中，一些教师仍然沿用传统的教学方法，以讲授为主，缺乏与学生的互动和交流，这就导致学生缺乏参与感和主动性。学生只是被动地接受知识，而没有被要求、被鼓励去主动思考、探索和创新，这样一来，学生的学习效果自然会大打折扣。此外，缺乏互动和交流的课堂氛围也容易让学生感到枯燥无味，甚至产生厌学情绪。

除了上述两个问题外，混合式教学模式的实施还面临着其他挑战。例如，如何平衡线上与线下的教学运用比例，充分发挥线上与线下教学的优势，规避局限；如何衔接线上与线下教学内容，避免出现教学内容过度重合或教学内容断层的情况；如何有效管理学生的线上学习行为，提高他们的学习效率和自主学习能力，等等。这些问题的解决需要思想政治理论课教师不断探索和实践，也需要学校和教育部门的大力支持和配合。

二、新媒体环境下高校思想政治理论课混合式教学模式具体实施问题的对策

（一）提升思政教师素养

随着信息技术的高速发展，混合式教学必将成为教学模式的发展趋势，为了进一步适应这一趋势，思想政治理论课教师既要实现角色的转变，又要不断提升专业能力，实现混合式教学的有效及高效开展，确保教学质量的稳步提升。

1. 转变角色认知，实现主导者与主体和谐发展

教师的教学观念影响教师的教学态度、教学方法及教学行为，这直接或者间接地影响到学生的学习与发展。思想政治理论课混合式教学强调以学生为中心，在教学中要尊重学生主体地位，调动学生学习积极性、主动性，让学生乐于学习，这就要求思想政治理论课教师转变教学

观念，转变角色认知，实现主导者与主体和谐发展。

（1）转变传统教学理念，实现由“主演”到“导演”的角色转变

实施思想政治理论课混合式教学时，新技术的发展和新理念的出现都对教师提出了更高要求，需要教师转变传统教学习惯与固化思维方式，化权威意识为服务意识，实现由“主演”到“导演”的角色转变。

教师在混合式教学模式下应当转变角色，由传统课堂的主导者转变为在线教学的引导者和实体课堂的策划者与组织者，不再仅仅扮演知识传授者的角色，而是转型为学生学习的指导者、辅助者与推动者。在混合式教学环境中，教师应突出学生的主体地位，同时，为预防学生在新的教学模式下可能出现的散漫、迷茫和困惑等情绪，教师需积极发挥其主导作用，引导学生正确学习与发展。

具体来说，教师应充分利用在线平台对网络学习资源进行筛选和整合，并以恰当的形式呈现给学生，引导他们进行自主学习。在线下课堂，教师应善于把握时机，激发学生思考，为他们解决疑惑，并在学生陷入学习困境时给予必要的指导和启示。此外，教师还应引导学生对学习过程和结果进行自我评估和反思，以便他们及时纠正错误并挖掘潜能。值得注意的是，教师的任务不再是单一的知识传递，而是要将“课堂教学”升华为一种艺术，让学生真正成为课堂的主人。在教师的讲授和学生的思考之间应建立一种平衡，以“启发”“点拨”“导引”的方式引导学生深入思考，实现全面发展。同时，高校思想政治理论课教师应明确思想政治理论课的教学目标不仅限于马克思主义理论的掌握，更应注重打牢大学生成长成才的科学思想基础，引导大学生树立正确的世界观、人生观和价值观，不断提高大学生对思想政治理论课的获得感，促进他们的全面发展。

教师在教学过程中应帮助学生实现从被动听众、接受者向积极参与者、建构者的转变，同时充分发挥学生的主体作用。教学本质上是一个双向过程，它既包含教师的“教”，也离不开学生的“学”，若过分强调教师的主导地位，忽视甚至压制学生的主体性，教学便会失去其原有的意义。因此，思想政治理论课教师必须树立“学生为本”的教育理念，深刻认识并承认学生是学习的主体，是课堂的主人，掌握着学习的主动权，教师的教学工作必须以学生为中心，致力于激发和调动学生的主动性，才能真正掌握教学的核心。在主导教学过程的同时，教师应给予学生一定的自由学习和发展空间，以激发他们的主体意识和内在学习动机，进

而提升他们在混合式教学中的参与感和获得感。此外，在处理教师主导性与学生主体性的关系时，教师应遵循适度适量的原则，这意味着在教学过程中每位主体都有其适应的范围和界限，只有在合适的范围内，主体性才能得到充分发展。因此，在混合式教学中，教师既不能放任学生，也不能过度干预，而应保持适当的平衡，既要给予学生一定的自主空间，又要保持监管和指导，以确保教学的顺利进行和学生的全面发展。

（2）构建新型师生关系，实现由“师生”到“朋友”的关系转变

在传统教学模式下，师生之间的关系往往呈现为一种不平等的状态，教师通常被赋予绝对的权威，而学生则多处于服从地位。然而在思想政治理论课的混合式教学模式下，构建一种新型的平等师生关系已成为构建高效课堂不可或缺的前提与基础。因此，在推进思想政治理论课混合式教学的过程中，教师需要特别关注和谐、融洽且平等的师生关系的建立，并积极促进师生间情感的交流与培养。

教师要在认知层面意识到：课堂是学生学习的地方，也是教师自身职业发展的场所。具体来讲，教师在教学工作中帮助学生得到发展的同时，也从教学中得到提升职业能力的养料，实现教学相长。因此，教师要敢于走出传统教学中“以教师为中心”观念的束缚，抛弃过于自我的权威感和优越感，树立平等、民主的师生观，实现和谐共生、教学相长。

在构建课堂生态方面，教师应积极寻求师生间的同构共生。首先，在混合式教学中，教师应强化与学生的互动。这要求教师不仅要融合线上与线下的教学模式，还要创造一个开放的教学环境，以体现混合式教学在方法和环境上的多元化优势。通过这种方式，可以加深学生与教师、同学以及教学资源之间的连接，并在互动中增进师生情感。其次，教师应给予学生更多的人文关怀。鉴于网络设备无法为学生提供正确的价值观引导和人文关怀，学生在长期缺乏面对面交流的情况下可能会面临精神健康和情感缺失等问题，因此，教师应向学生展示尊重、理解、宽容和信任，以构建和谐的师生关系。最后，教师应尊重每位学生的个体差异。每一位学生都有其独特性，并且作为发展中的个体，他们具有巨大的发展潜力和可塑性，因此，教师在教学活动中应有足够的耐心和信心，平等对待每一位学生，尤其是后进生，要给予他们更多的鼓励和关怀，发现并培养他们的优点，以切实推动他们成长。

2. 提高信息素养,实现技术与理论综合发展

(1)树立终身学习理念,强化信息意识

在线网络教学的融入极大地丰富了传统思想政治理论课的教学内容与形式,同时也对教师的信息技术素养提出了新的挑战与要求。这就要求思想政治理论课教师秉持终身学习的理念,深化对混合式教学的理解,并强化自身的信息意识。

一方面,思想政治理论课教师需要树立终身学习的思想。在当今知识经济与信息化社会的大背景下,知识更新的速度日益加快,教师仅凭已有的知识和能力已无法满足时代发展的需要。因此,思想政治理论课教师必须坚定树立终身学习的信念,以开放的心态接纳新事物,积极学习并探索混合式教学模式,深入挖掘其深层价值与作用。同时,教师应认识到自身在混合式教学模式运用中的不足,并及时进行改进,以身作则,为学生树立榜样。

另一方面,思想政治理论课教师需要加强对混合式教学的认知,并提升自己的信息化教学意识。随着教育公共服务体系日趋开放,科学技术与教育愈发深度融合,教学环境日益数字化,学生也逐步成为数字原生代。这些新变化都对教师在传统课堂中所扮演的讲授者角色提出了新的挑战。因此,教师在开展思想政治混合式教学之前,应全面深入地理解与把握混合式教学的核心理念与特点,对混合式教学的理解越深入,准备越充分,其实施效果也就越好。为此,思想政治理论课教师必须加强对混合式教学的学习与理解,不断提升自身在混合式教学方面的专业素养与实践能力。

(2)提高信息技术能力,促进技教融合

随着教学改革不断深化,信息技术在教学领域的作用日益凸显,特别是在混合式教学模式下,教师的信息技术能力直接关系到教学质量与效率。因此,思想政治理论课教师必须与时俱进,积极提升信息技术水平、能力与素养,推动信息技术与教育教学的深度融合。

一方面,思想政治理论课教师需要充当优质教育资源的“搬运工”。在混合式教学模式下,教师既要保留传统课堂教学中的角色特点,又要兼具在线网络教学中的角色特点,这就要求思想政治理论课教师进一步提升信息素养能力,熟练掌握电子设备操作技巧,有效利用信息技术,

认真收集、筛选和整合适合学生的优质在线教育资源，确保思想政治理论课混合式教学能够有效且高效开展。

另一方面，思想政治理论课教师还要努力成为优秀教育资源的“技工”，实现从现代信息技术观望者向实践者的转变。例如，教师要熟练掌握课件制作、视频录制等软件，将信息技术与教学深度融合，以信息技术推动教学变革，实现课堂教学的高效开展。同时，教师在思想政治理论课混合式教学中应坚持适度原则，既不过度依赖也不排斥信息技术的使用。

（3）提高专业技术水平，加强理论学习

为了确保混合式教学在思想政治理论课中的有效且高效实施，教师不仅需要提升信息技术能力，还需要致力于深化混合式教学理论的学习。此外，构建思想政治理论课的混合式教学体系还要求教师具备广博的知识基础及合理的知识结构，这包括扎实的政治理论素养、深厚的学科专业基础、渊博的科学文化知识以及丰富的社会实践经验等。鉴于思想政治理论课具有强烈的时政性，因此，巧妙地在教学中融入时政内容不仅能助力学生理解教学内容，更能激发他们对时事政治学习的兴趣，进而提升整体教学效果。所以，教师应在教学之余积极阅读经典文献、聆听专家讲座、踊跃参与各类培训，从而多渠道地丰富自己的学科知识体系，提高专业素养，构建多元化的知识结构，推动自身的专业发展。

3. 加强教学研究，实现教学与科研协同发展

充分发挥传统课堂教学与在线网络教学的双重优势，从而实现 1+1>2 的教学效果，是思想政治理论课教师开展混合式教学模式一直以来的核心追求。一线课堂作为混合式教学实施运用的主阵地，教师对其感知最为深切，也最具有话语权。因此，思想政治理论课教师要增强责任意识，不仅要做知识的传授者，更要做教学的研究者，重视自身教研能力的培养，下更多的工夫去钻研教学。

（1）厘清教研关系，端正教研态度

教学与科研在教育教学工作中占据重要地位，是教师必备的核心能力，也能全面展示教师的知识底蕴、专业素养和能力水平。一名优秀的教师必须在教学与科研之间保持均衡，二者不可偏废。对于思想政治理论课教师而言，提高自身的教研能力不仅是适应新型教育教学模式的必

然要求，更是促进个人专业成长的重要途径。通过深入探究教育实践中出现的各种问题，教师可以不断丰富自身的专业知识，增强教育教学能力，实现教学与科研的良性互动和共同提升。从这个角度来讲，教学与科研是相互影响、相互依存的关系。

（2）积极参加教研，提高科研能力

混合式教学的高效实施并非简单地套用既定模板就能达成，而是需要教师深入探索并不断创新，在这一过程中，教学研究至关重要，它是构建思想政治理论课混合式教学高效课堂的基石。因此，思想政治理论课教师要积极参与混合式教学的相关教研活动，以研究者的视角审视教学过程中的各种问题，不断进行自我反思，深入探究问题根源。通过这样的研究可以推动教学的发展，实现教学与科研的相互促进。为此，思想政治理论课教师应秉持严谨的教研态度，保持对教研工作的热情与动力，通过参与系列专题培训、国内外研修、课题申报等多种方式，不断提升自身的教研能力。

在教研活动中，各教研组成员应分享并交流混合式教学经验，加深对混合式教学的理解，这不仅能为思想政治理论课教师提供理论与实践的桥梁，还能促进理论与实践的双向互动。同时，教师在教研过程中应秉持严谨治学的态度，积极探索和认识混合式教学规律，不断反思总结，持续改进和创新。只有这样才能打造出既适合学生又具有特色的精品课程，从而构建高效的思想政治理论课混合式教学课堂。

（二）强化学生主体地位

1. 端正学习态度，树立正确观念

（1）纠正错误认识，端正学习动机

思想观念的先导作用至关重要，对人的行为的影响深远而持久，在学习领域，不恰当的学习观念必然会对学习行为产生不良影响。为了更高效地实施思想政治理论课的混合式教学，首要任务就是纠正学生不当的学习观念，培养他们良好的学习态度。为此，思想政治理论课教师在授课过程中必须积极纠正学生对思想政治学科边缘化的误解，引导他们摒弃对该学科的偏见，以客观、全面的视角来认识思想政治理论课。教

师需要让学生明白，思想政治课并非一门“轻松简单、无须付出努力”的课程，而是一门对他们的成长和发展具有深远影响的课程，而且，他们学习的目的也不是为了获取考试分数，而是为了提升素养，培养批判性思维和解决问题的能力。此外，教师还需要强调，学习并非仅仅依靠死记硬背，虽然对知识的记忆掌握是基础要求，但更重要的是培养自身的学科核心素养和辩证思维能力，只有这样，学生才能真正理解课程内容的深层含义，并将正确的世界观、方法论应用于实际生活，实现内化于心、外化于行。

（2）转换学习理念，培养自信心态

为了有效地转变学生的学习态度，培养其自信心态是至关重要的前提。在教育教学过程中，思想政治理论课教师应承担起引导学生树立自信的责任，激发他们的学习热情，培养他们积极进取、渴望知识的精神，以及锲而不舍、持之以恒的学习态度，同时，教师还需要注重学生心理素质的培养，使他们在面对困难和挑战时能够百折不挠、不畏艰险。然而，鉴于人类固有的思维惯性，当面对混合式教学这一新兴教学模式时，学生可能会产生抵触心理，这是因为新的教学模式打破了他们习以为常的课堂体验。因此，教师需要以耐心引导学生，帮助他们正确看待并接受新鲜事物，同时不断完善其在混合式教学模式下的学习行为。这将有助于学生更好地适应新的教学模式，提高学习效果，进而实现学习态度的积极转变。

2. 转变学习方式，提升学习能力

在传统以教师为核心的教学模式下，教师倾向于采取“满堂灌”的教学策略，导致学生形成消极的学习态度。这种教学方式不仅可能降低部分学生对学习的兴趣，影响他们的课堂参与度，还可能阻碍其思维的发展。鉴于此，思想政治理论课教师应摒弃填鸭式和灌输式的教学方法，转而采用多元化的教学策略，鼓励学生主动参与思想政治理论课的混合式学习，以促进他们的全面发展。

（1）引导学生自主学习

自主学习，指的是学生在缺乏或仅有少量教师指导的情况下，依据个人实际情况进行独立学习。在自主学习的实践中，思想政治理论课教师有责任为学生提供充足的时间和空间，让其进行独立思考与学习，从

而使学生能够借助已有经验自主探索和构建新知识体系。在此过程中，教师的直接讲授时间将有所减少，而学生更多依赖辅助学习软件、网络课件和自学资料等。但是，教师的角色并未因此而被边缘化，反而是在学生学习遭遇障碍，无法通过自主学习克服困难时成为学生寻求帮助的关键角色。教师需要根据不同学生的学习特点和问题的性质，通过适当的方式提供个性化的帮助和指导。因此，思想政治理论课教师需要明确，混合式教学中的自主学习并非是对学生和课堂的放任，而是要教师扮演引导者、鼓励者、咨询者和服务者多重角色，对教师提出了更高要求。

（2）引导学生开展合作学习

教学是课堂内各元素相互激荡、催生“新质”的过程，构建高效的思想政治理论课混合式教学课堂有赖于课堂内各成员的积极协同与共同参与。合作学习相较于个体学习而言，是指学生在独立自主学习、探索的基础上，于小组集体活动中共同探讨问题、交流思想并构建新知的学习方式。这要求教师在混合式教学中根据具体教学内容，巧妙设计并营造和谐宽松的教学氛围，使学生在课堂上敢于表达，鼓励那些在课堂上畏缩不前的学生积极回答问题，主动参与小组合作学习。通过合作学习不仅可以强化学生的合作意识，更能培养他们的规划力、领导力、团队精神、协调能力、责任感与奉献精神，让学生树立共享双赢的意识，由此可见，合作学习对于培养学生的综合素养，促进学生的全面发展具有显著作用。因此，思想政治理论课教师在实施混合式教学时应积极引导和鼓励学生参与合作学习，以促进他们能力与素养的持续提升。

（3）引导学生进行探究式学习

探究式学习是在已掌握的知识与经验的基础之上主动挖掘、探索并解决新出现的问题，进而完成认知的构建并发展创新探索意识的学习方式。相较于传统的教学方式，混合式教学的核心差异在于它不是单纯要求学生以被动接受的方式获取知识，而是倡导学生主动寻找问题、分析问题，并探索解决问题的策略。在此过程中，教师的角色主要是引导与支持者。具体来说，首先，教师需创设引人入胜的问题情境，以激发学生的内在探究欲望，鼓励学生投身富有探索性的学习活动，鼓励他们积极提问，引导他们发现问题并围绕这些问题进行深入讨论。其次，教师在学生的探究活动中要发挥积极的指导作用。在混合式教学模式下，教师并非袖手旁观的局外人，其需要扮演好设计者、观察者、引导者和评价者的多重角色，在学生探究出现难题时及时给予引导与纠正，以帮助学生观察、探索与发现。将探究式学习融入思想政治理论课的混合式教学,不仅能够培养学生的科学思维与探索精神,同时也能锻炼他们的问题解决能力和团队协作能力,从而进一步促进学生的全面发展。

3. 规范学习行为,提升学习效率

信息技术的迅猛发展使得现代课堂形式发生深刻变革,相较于以往严肃的教育氛围,现代课堂更加追求新颖与科技化,这正是混合式教学独特魅力的体现。然而,由于部分大学生理论水平较低,自我控制和自律能力较弱,混合式教学的课堂可能导致他们在思想政治理论课上注意力分散,参与度降低。因此,教师需要采取多种措施引导学生形成良好的学习行为,以促进他们健康成长。

为了让学生集中注意力,外部规范的建立至关重要。考虑到高校大学生辨别能力尚不完善,思想政治理论课教师需明确指引并制定行为准则,以规范学生的学习行为。这些准则应以学生的接受程度为前提,内容需清晰明确,包括是非标准、奖惩机制等,以此鼓励学生发扬优良行为,约束不良行为,营造积极向上的思想政治理论课混合式教学环境。

目标的科学设定对于学生的学习至关重要。古语有云:“凡事预则立,不预则废。”思想政治理论课教师应引导学生明确学习目的,制定既实际可行又具挑战性的学习目标,增强学生学习的主动性和计划性。同时,学生应制定详细的学习计划,合理安排时间,确保学习的有序性。此外,加强合作与竞争也是提高学生学习效率的有效途径,思想政治理论课教师可以鼓励学生成立互助小组、思政社团等,加强学生间的交流、学习与督促,形成良好的学习氛围,这种合作与竞争有助于激励学生主动学习、积极进取,不断完善自我。

提升自我监控能力是解决学生注意力分散、参与度低等问题的关键。思想政治理论课教师需要帮助学生增强自我监控能力,培养坚定的信念和意志力,以抵抗外界诱惑,坚定学习目标,按计划完成学习任务,这将有助于学生形成良好的学习习惯,实现主动学习和自我管理。

第七章 新媒体环境下高校思想政治智慧课堂教学模式

发展高校思想政治智慧课堂教学模式，是高校思想政治教育创新发展的需要，是积极推进思想政治教育与信息技术融合的重要举措，是满足思想政治理论课智慧化、信息化、技术化的重要途径，是推动教育治理体系和治理能力现代化的重要手段。

第一节　智慧教学及智慧课堂建设

一、智慧教学

智慧教学作为智慧教育活动的核心内容，是指教育者和受教育者在教育教学过程中充分运用科技类教学设备来推动教学方式的创新与变革。智慧教学的实施，对教育者而言，不仅能够帮助其提升教学水平和质量，更能使教学活动变得更加高效与精准；对受教育者而言，则能在享受个性化学习服务的同时，得到针对性的学习支持，从而实现学习效果的显著提升。

二、智慧课堂

智慧课堂是在发展智慧教育的基础上，整合信息技术和教育活动而形成的。随着信息技术的迅速发展及其在教育领域的广泛应用，智慧课堂建设已成为推动教育教学改革的重要抓手。随着时间的推移，智慧课堂的发展逐渐趋于成熟和完善，各种关于智慧课堂的概念也如雨后春笋般不断涌现。因此，了解智慧课堂内涵及其发展历程，清晰把握智慧课堂的本质，对于进一步深入研究和推动智慧课堂的建设具有重要意义。

（一）内涵与发展历程

课堂是学生学习的场所，是教师教书育人的主阵地，对它的理解可以分为三种：一是教室；二是能够让学生和老师进行交流的空间；三是教学活动和教学目标有机结合的环境。课堂教学对于达到立德树人的目标而言非常重要，学生在课堂上不仅仅会学习理论知识，也会形成一定的世界观和价值观。①

对于智慧课堂的内涵，从不同角度可以作出不同解读，从教育学角度可以理解为提升学生教学主体意识的课堂；从信息化角度可以理解为基于互联网、大数据和人工智能的“智慧化”课堂。和传统的课堂进行比较，顾名思义，智慧课堂在智能化方面更加先进，在教育理念上也有很大程度的创新。打造智慧课堂有利于提高学生的核心素养。就智慧课堂而言，老师将通过使用大数据以及人工智能等相关的技术，构建“云—台—端”整体架构，为学生的自主性学习提供保障和支持，创设智能化学习环境，让课堂的场景更加丰富和多元化，学生可以在虚拟现实一体化的全场景当中进行学习。②

21 世纪初，教育在时代变迁中逐渐融入信息化浪潮，人们逐渐意识到教育如果仅仅是传授知识已经无法满足时代的要求，开始认识到素质教育的重要性，认为要“通过新课程改革建立智慧课堂来加强对孩子们智慧的开发”③。虽然智慧课堂的倡导已经有很多年了，但其真正得以高速发展和信息化教学改革脱不开关系，物联网和大数据等“智慧”科技被广泛运用在教学过程中。④

智慧课堂的发展历程可以被划分为三个阶段。首先是初步探索阶段。2008 年起 IBM 公司首次提出“智慧地球”概念，促使教育界开始广泛接纳“智慧”理念。2010 年 11 月 8 日，上海市虹口区教育局顺应教育信息化发展趋势，率先在国内开展了“基础教育电子书包”项目，电子书包改变了传统的学习方式和教学模式，为“智慧课堂”的建设奠定了基础。随着“智慧”概念在教育领域的普及，“智慧课堂”“智慧学习”“智慧教室”等概念相继涌现。刘邦奇于 2015 年首次为智慧课堂定义，他认为智慧课堂是利用各类信息技术改造教学环境的实践。⑤ 接下来是建设推广阶段。众多学校基于智慧教室的建设，将微课资源融入智慧课堂，实现跨学科的全面应用，并结合不同学科特点探索智慧课堂的教学

① 周荣华，王九红．智慧课堂：师生诗意的栖居 [J]. 江苏教育，2007 (02)：48-49.

② 吴晓如，刘邦奇，袁婷婷．新一代智慧课堂：概念、平台及体系架构 [J]. 中国电化教育，2019 (03)：81-88.

③ 成尚荣．为智慧的生长而教 [J]. 今日教育，2009 (01)：52-54.

④ 邱艺，谢幼如，李世杰，黎佳．走向智慧时代的课堂变革 [J]. 电化教育研究，2018，39 (07)：70-76.

⑤ 刘邦奇．当智慧课堂遇到大数据 [J]. 中国教育网络，2015 (07)：65-67.

模式。最后是创新发展阶段。随着教育信息化时代的到来，人工智能、互联网大数据等先进科技为智慧课堂注入了新的活力，显著增强了课堂的互动性和智能化水平，这预示着新一代智慧课堂的诞生。2022年年初，教育部启动实施国家教育数字化战略行动，当年7月，国家智慧教育平台2.0正式开通上线，国家智慧教育门户也进行了全新改版升级，智慧教育踏上了“扩优提质”快车道。目前，我国各大高校的智慧课堂建设已经从简单应用发展到与教育教学进行深度契合的阶段。

相较于传统课堂，智慧课堂借助互联网大数据、云计算等科技手段，更具智能化、科学化、标准化和功能化，它的核心理念是坚持“教师主导、学生主体”的教学模式，并保持教育的本质——教书育人。它遵循“整体规划、分步实施、统筹协调、分工协作”的原则，为教师和学生提供全方位的支持，可有效解决传统课堂的诸多问题。同时，智慧课堂针对不同专业、学科和课程的需求，致力于推动以提升人才培养质量为核心的教育教学改革。

（二）体系构成

智慧课堂把学习活动、沟通交流以及信息技术三项融合在一起，为学生和教师提供了一个良好的智能化、个性化学习空间，其作为一种“云—台—端”智能化学习空间，已经具有完整的课堂教学体系。

“云”就是智能云服务，如图7-1所示。

智能云可以提供多种教育服务功能，如教学资源管理、微课管理、在线课程学习、智能推送、个性化作业服务、智能评价、教学互动等，支持教师对学生进行动态化评估，实现多级联通互动。很多学校可以在智慧校园平台的基础上搭建智慧课堂智能云服务平台。

“台”就是教室智能平台，是由智能硬件和智能软件搭建而成的被用于在教室开展教育活动的智能平台。[①] 如图7-2所示。

① 吴晓如，刘邦奇，袁婷婷．新一代智慧课堂：概念、平台及体系架构［J］．中国电化教育，2019（03）：81-88.

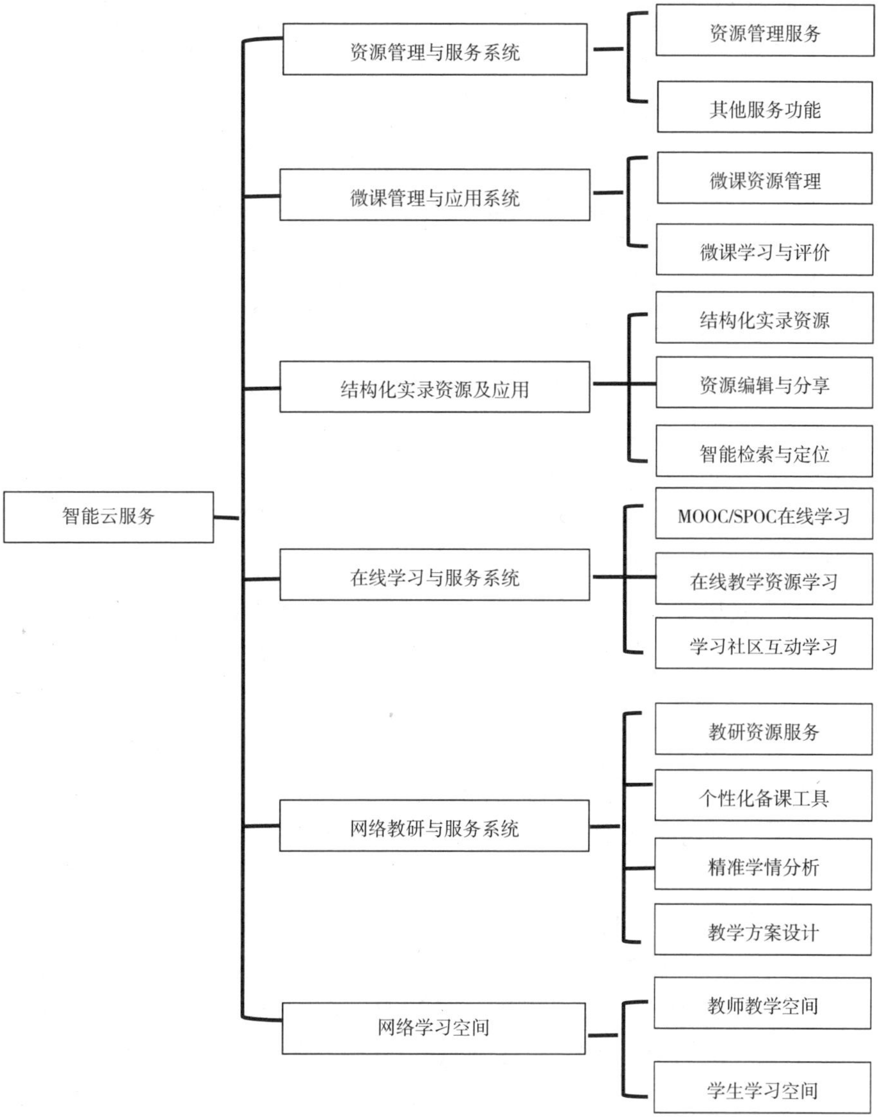

图 7-1　智慧课堂智慧云服务平台[①]

① SPOC，即 Small Private Online Course，小规模限制性在线课程。

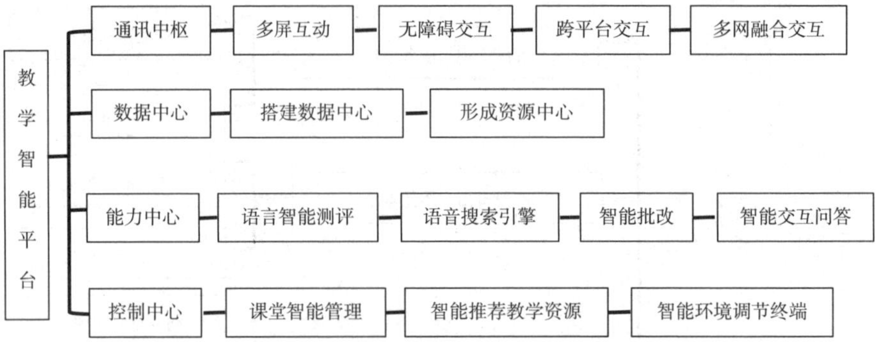

图 7-2　教室智能平台功能示意图

教室智能平台是智慧教室的通信和运算枢纽，运用人工智能、云计算或者互联网大数据等科技手段对课堂上出现的各种可计算的数据进行收集、汇总、分析和处理，最后同步到课堂内的教学终端，可以使教师与学生在最大范围内实现资源共享。

"端"就是智能端，运用智能端工具可以对教学课堂全景进行数据采集，包括课堂环境数据、课堂互动数据、师生活动数据和教学行为数据等，从而覆盖整个课程前中后的教学活动，再运用智能平台的技术手段和移动终端，使教育活动不再局限于教室内，使教研活动、学习活动和授课活动的形式逐渐走向多元化。①

智能端包括教师智能端、学生智能端、管理智能端和智能环境端。教师智能端为教师进行教学活动提供实景化教学服务，可以提供作业与动态评价工具、微课制作工具、智能实录工具、课堂互动工具等丰富的教学工具。微课制作工具通过实时录制微课进行在线教学或储备教学资源，是可以应用于移动终端的一种工具，它让教师在自己的移动设备上就可以完成"微课制作、上课、教研、辅导"等教学工作。学生可以利用学生智能端完成所有学习任务，并进行师生交互、生生交互，进而将传统的学习模式转化为利用数字化资源和平台的学习模式，使学习发生革命性的变化。管理智能端主要是学校管理人员进行管理工作的工具，其功能包括对学生行为的管控、对课堂教学质量的监管以及对班级的管理等。智能环境端是构建智慧课堂所需要的另一类终端设备，包括各种感知设备，如智能黑板、音响视频设备、智能监控设备等。例如，吉林

① 吴晓如，刘邦奇，袁婷婷．新一代智慧课堂：概念、平台及体系架构[J]. 中国电化教育，2019(03)：81-88.

大学的“三化教室”安装了投影机与投影幕布组合，以达到看得见、看得清，符合国标中对不同显示系统的最佳视距与有效视距的指标要求。

智慧课堂通过以上信息技术的融合，创造了智能化、网络化、信息化、技术化的学习环境，推动了线上线下一体化、课内课外一体化的教学应用，真正促进了智慧教育、智慧教学。

三、高校思想政治理论课智慧课堂

智慧课堂是高校利用互联网、大数据等信息技术推动教育教学创新的重要方式，这种教学模式运用现代信息技术，为师生提供了一个便捷、智能、多维度的互动交流平台，它不仅为学生创造了参与教学的机会，而且大大提高了他们在课堂中的活跃度。智慧课堂通过改革教学方式，增强了教学的互动性、情境性和个性化，使学生在教学过程中占据更重要的主体地位。智慧课堂以学生为中心的教学理念更加符合高校思想政治理论课的教学本质。

智慧课堂融合了教学和学习的双重元素，其核心是促进学生的深度学习，因此，教师在授课时必须紧密结合学生的特点，运用大数据和人工智能等尖端技术深入剖析教学情况，并据此设计个性化的教学活动，通过多样化的教学方法鼓励学生发挥主观能动性，积极学习，进而显著提升其解决问题和批判性思考的能力。

智慧课堂的出现标志着我国教育信息化进程取得了显著进展，它突破了传统课堂的局限，将现代信息技术与课堂教学紧密结合，为师生创造了一个全新的教学环境。在这一环境下，教师更能精准地满足学生的学习需求，实现因材施教，优化教学效果，同时，学生也能获得更多实践机会，进而提升创新能力和实践能力。

高校思想政治理论课的智慧课堂教学模式是我国教育教学改革的重要成果，它不仅推动了教学理念的更新，提高了教学质量，而且为学生的全面发展提供了更多可能性。展望未来，有充分的理由相信，这种教学模式将会在更大范围内得到更加广泛的推广，为培养新时代具有创新精神和实践能力的人才做出重要贡献。

第二节　新媒体环境下高校思想政治智慧课堂教学模式的优势

通过对智慧课堂与传统课堂教学在教学内容、教学方式及评价方式等方面的情况进行对比分析，可发现二者之间存在显著差异。智慧课堂以其独特的创新教学方式对传统课堂教学提出了挑战，并为其改进提供了新的思路。下面探讨新媒体环境下高校思想政治智慧课堂教学模式的优势。

一、学生学习突破时空限制性

学习之旅往往始于一闪而过的好奇心，当学生对某事物的疑问和困惑在第一时间被解答，他对该事物的理解自然会加深，相关的记忆也会更加牢固。在学习的过程中，学生主动提问的学习模式也往往优于单纯依赖教师指导的学习方式。学生在课前、课中、课后对某一问题产生疑惑时，如果向教师求助后能够迅速获得答案，不仅可以激发他们的学习热情，也会拉近师生之间的距离。

在传统的课堂教学中，师生之间的互动主要局限于课堂时间，然而，期望教师用全部课堂时间来解答所有学生的疑惑是不现实的。但是，智慧课堂的互动式教学系统打破了这一局限，它以师生间的相互交流为核心，充分运用多媒体、云计算和大数据技术，实现了一对一、多对一以及一对多的交流方式。这种随时随地的互动教学不仅能迅速解答学生的疑惑，还能让教师根据学生的反馈全面了解学生的学习情况，进而调整教学策略，同时，它也强化了学生之间的合作探讨能力和师生之间的互动交流，进一步拉近了师生关系。

智慧课堂的技术支持使学生的学习方式更加个性化。传统的课堂教学中，学生往往依赖教师和教科书进行笔记式学习，这种方式对外部资源的依赖较重。然而在智慧课堂教学模式下，学生可以通过智能云服务自主选择学习内容，自主安排学习进度，这不仅突破了时间和空间的限制，而且提升了学习能力和主动性。这种个性化的学习方式不仅符合现代教育的理念，也为学生未来的全面发展奠定了坚实基础。

二、线上资源提升教学针对性

在高校思想政治理论课上，教学资源的创新与拓展起到非常重要的作用。智慧课堂的教学资源经过数字化处理，可应用于电脑和互联网平台，其线上资源涵盖电子教材、电子课件、电子教案、教辅音像资料以及数码图书馆等内容，能提升教学的针对性。

高校思想政治理论课因其理论性较强，学生在学习过程中遇到不熟悉或难以理解的知识点时，单纯依靠教师的口头解释可能依然难以全面掌握，这时就可以通过智慧课堂线上资源查找相关资料，从多角度理解知识点。同时，教师也可以结合智慧课堂中的丰富教学资源，根据学生个体差异，为他们提供更具个性化的学习资源，推送有针对性的、智能化的学习资料，以满足学生的个性化学习需求，在这个过程中，还能显著提升教师的亲和力，增强师生之间的亲密度。

智慧课堂教学模式下，教师可通过大数据分析等手段分析学生的兴趣偏好，以提供更符合他们需求的教育资源，这将使教师在思想政治理论课上的教学内容更加贴近学生实际，从而提高教学效果。

智慧课堂线上教学资源还有助于教师优化教学设计。智慧课堂模式下，教师可根据学生的学习情况灵活调整教学策略，使之更符合学生需求，同时，智慧课堂的智能端应用工具旨在为学生提供学习上的便利，线上资源为学生提供了自主学习的技术支撑，使他们能够在课堂之外继续深入探究学习内容。这既有助于消除教育资源类型单一的弊端，也有助于提升思想政治理论课的教学针对性，提高教育质量。

三、学情分析增强学习科学性

智慧课堂将人工智能、大数据分析等技术与教育信息化深度结合，不仅方便教师深入了解学生的学习情况，还能精确分析学生思维与特定知识点之间的联系，进而了解不同专业的学生对不同教学专题的掌握程度。

在传统教学模式下,教师一堂课要面对的是几十名甚至百余名学生,一个学期要接触的学生甚至会多达几百名,囿于课堂时限和教师个人精力,很难准确地掌握每名学生的学习状况、个性特点以及学习需求,因此也很难开展差异化教学。高校思想政治智慧课堂教学模式很好地解决了这个问题,它可以实现精准的学情分析和对学习的科学化管理。教师通过分析研究学生的动态学习数据,实现对学生学习实时、动态的客观评估,这超越了传统课堂教学模式的主观观察与总结;通过借助课程测验智能评分系统,快速获知学生的学习效果;通过反馈评价系统了解学生对课程及教师的满意度;依据智慧课堂提供的动态数据,科学地调整教学进度,不断完善课程设计,灵活调整教学实施策略,从而提高教育的科学性和有效性,真正实现思想政治教育理论课的因材施教。

第三节　新媒体环境下高校思想政治智慧课堂教学模式的运行策略

一、基于智慧课堂的高校思想政治教学模式应用原则

思想政治理论课自从设立以来一直都受到党和国家的高度关注和重视 ,党的十八大以来,党中央始终坚持把学校思政课建设放在教育工作的重要位置。2024 年 5 月,习近平总书记再次对学校思政课建设作出重要指示,强调新时代新征程上,思政课建设面临新形势新任务,必须有新气象新作为。鉴于此,智慧课堂教学模式应坚持以下原则。

(一)坚持内容为王原则,发挥思想政治理论课核心价值

高校思想政治理论课是立德树人的关键一环,在当前形势下,如何有效地提升思想政治理论课的质量与效果成为一个重大课题。要提高思想政治理论课的质量与效果,首先要注重把道理讲深讲透讲活,不断提高课程的针对性和吸引力,因此,要坚持内容为王,保证高校思想政

治理论课的教学质量。

智慧课堂教学模式下，学生在课堂上可以有更多技术方面的操作，例如在智慧课堂平台上查看电子资料、发帖讨论、抢答问题、通过弹幕发表观点、投票等，这使得部分学生会出现课堂上重操作玩乐而轻内容学习的情况。对此，教师应当及时发觉并进行干预，要引导学生明白，利用各种技术手段参与课堂是一种教学手段，其目的是更好地学习，而不是玩乐。

智慧课堂教学模式下，教师在授课过程中有了更多的“法宝”，无论是课前资源分享、课中学情分析还是课后学情统计，都更加海量化、智能化、客观化，通过教学决策的数据分析、教学评价的即时反馈、师生交流的立体互动、资源推送的智能化，有力地帮助教师实现了教学与信息技术的结合，使得课堂教学无论从内容上还是从结构上，都发生了全新的变革。然而，尽管教学变得更加科技化，但在智慧课堂教学模式下，教师仍然要以教学内容为关切点。思想政治理论课的本质是讲道理，“理”始终是贯穿思想政治理论课的一条主线，它的教学内容蕴含治国理政的道理、马克思主义的学理和丰富深刻的哲理。因此，教师在讲授过程中要注重把道理、学理和哲理三者紧密结合起来，引导学生懂道理、明学理、通哲理，要能够讲清道理、讲深学理、讲透哲理，以彻底的思想理论说服学生，要以内容为王，吸引学生对思想政治理论课的内心认同，而不是靠技术手段维持学生对课程的兴趣。

在评估高校思想政治理论课教学效果时，核心标准在于学生能否将所学知识内化于心、外化于行，自觉投身全面建设社会主义现代化国家的伟大实践。思想政治理论课的教学过程既是价值观的内化过程，也是价值观的外化展现，若思想政治教育缺乏正确的价值观作引导，则其根基不稳；若缺乏广泛的价值认同，则其成果难以显现。通过课堂教学，教师要了解学生的价值观念，整合教学内容，提升课程的亲和力与针对性，推动价值观念的内化吸收与外化展现的辩证统一，进而提升教学的实效性。

（二）坚持设计为要原则，提升思想政治理论课教学效果

习近平总书记提出，要“不断增强思政课的思想性、理论性和亲和

力、针对性”。[①] 思想政治理论课不是简单的政治宣讲，其既要注重提高教育质量，也要注重提高教育效果。因此，讲好思政课的关键在于教师，教师要能够正确看待历史与现实，贯通理论与实践，将领悟到的世界观方法论运用到教学中。在智慧课堂教学模式下，教师必须坚持以“设计为要”的原则，让课堂内容贴近学生的学习、生活和思想，让教学方式符合学生接受能力，让学生爱听、爱学，而且能学会、学懂。教师要利用智慧课堂科技手段提高课堂热度，打造学生真情投入的沉浸式思想政治理论课堂，使学生乐于上课，爱上思政课。

（三）坚守传播为道原则，培育社会主义现代化建设人才

无论技术如何发展，教育的本质始终未变，即传播知识、启迪智慧、培养人才。因此，智慧课堂应始终坚持“传播为道”的原则，以此为核心，致力于培养全面建设社会主义现代化国家所需的人才。

“传播为道”原则强调的是知识的传递与传承，以及在此基础上对学生思想、能力、素质的全面提升。在智慧课堂中，这一原则体现为对教学内容、教学方法、教学环境的全面优化。

首先，教学内容要紧跟时代步伐，既包含传统知识的精华，又涵盖现代科技的前沿动态，确保学生能够在学习中不断拓宽视野、丰富知识储备。

其次，教学方法要注重创新与实践。传统的灌输式教学已经无法满足现代教育的需求，因此，智慧课堂应采用更多元、更互动的教学方式，如案例教学、项目驱动、团队合作等，以激发学生的学习兴趣和主动性。同时，还应充分利用信息技术手段，如在线学习平台、智能教学工具等，为学生提供更加便捷、高效的学习体验。

此外，教学环境也是影响教学效果的重要因素。智慧课堂应创造出一个既舒适又富有挑战性的学习环境，让学生在轻松愉快的氛围中接受知识、探索未知，这包括提供充足的学习资源、完善的设施设备以及良好的师生互动氛围等。

在坚持“传播为道”原则的基础上，智慧课堂还应注重师生间的良好互动。教师不仅是知识的传播者，更是学生成长的引路人。因此，教

① 习近平．用新时代中国特色社会主义思想铸魂育人 贯彻党的教育方针 落实立德树人根本任务[N].人民日报，2019-03-18（1）.

师应积极关注学生的需求与反馈,及时调整教学策略,以更好地满足学生的学习需求。同时,学生也应积极参与教学过程,通过提问、讨论、分享等方式,与教师形成互动,共同推动教学工作的深入开展。

通过不断改进与完善教学模式,智慧课堂将为学生创造一个更加优质的学习环境,进而调动他们的学习积极性,实现从“被动”向“主动”的转变。这种转变不仅体现在学习态度方面,更体现在学生能力、素质的提升上。在智慧课堂的熏陶下,学生将逐渐形成自主学习、创新思考、团队协作等能力,成为德智体美劳全面发展的社会主义建设者和接班人。

二、基于智慧课堂的高校思想政治理论课教学模式应用

面对全球教育创新与发展改革的浪潮,国内高校积极应对,成功探索出高校思想政治理论课智慧课堂教学模式,并持续对其进行优化与完善,使其逐渐走向成熟。但智慧课堂教学模式在实际应用中也逐渐暴露出一些弊端,教师也可能会在教学实践中遇到一些困难与挑战,应注意以下几个方面。

(一)保持学生学习热情

学生对智慧课堂的接受度如何,是一个较为关键的问题,它不仅决定了学生能否长期保持对这种教学模式的热情,还直接关系到思想政治理论课智慧课堂教学模式的未来发展。若学生无法持续保持对新型教学模式的积极态度,那么这种模式将难以成为常态化的教学模式,甚至学生可能会逐渐失去对思想政治理论课的热情。

有的学生缺乏进取心和求知欲,他们满足于成绩不挂科,在课堂上缺乏专注和积极态度,智慧课堂的在线测验、投票等环节刚好给了他们正大光明在课堂上玩手机的理由。有的学生性格内向,他们更愿意接受单向的教师授课方式,而非主动地进行自主学习和讨论。有的学生不会制定学习计划,对于自主性学习感到迷茫,更愿意跟随教师的步伐,而不是主动思考和探索问题。还有的学生对教师依赖感过强,他们对高校思想政治理论课智慧课堂教学模式中的师生互动并不太重视,对各种技术手段也视若无睹。这些心态甚至会形成多米诺骨牌效应,影响到整个

班级，极大地降低学生的学习动力。这些被动的学习态度会导致在高校思想政治理论课智慧课堂教学过程中出现一些不利于课堂教学的因素，例如在需要学生参与讨论时，他们可能会表现消极，甚至集体沉默，从而使教学工作难以顺利进行。

通过对高校思想政治理论课智慧课堂教学模式的深入研究，不难发现，信息技术和网络资源的广泛应用和传播可能会降低学生的学习满足感和学习热情，甚至催生心理倦怠。特别是对于那些功利心较重，认为无法从思想政治理论课中获得实际利益的学生，他们可能会因为缺乏对智慧课堂教学模式的了解而将其误认为是一种消磨时间的方式，认为教师采用这种教学模式是在偷懒，从而忽视教师在智慧课堂教学中的辛勤付出，严重时甚至会对智慧课堂教学模式产生明显的抵触情绪。

在我国高等院校中，由于必修课程较多，学生们普遍感到学习时间紧张，如果某门课程需要投入过多的时间和精力，就会挤占他们在其他课程上的学习时间，从而影响其他课程的学习效果和成绩。智慧课堂教学模式结合了多种教学模块，将一部分原本用于传统课堂教学的精力和时间转移到了新媒体以及后期的社会实践中，这些转变都可能对其他课程的学习时间产生一定的挤压。对于一部分大学生，尤其是学习成绩不佳的学生，这种转变可能会带来精神压力和学业压力，长此以往，可能会降低他们对思想政治理论课的学习积极性。

"审美疲劳"一词原本应用于美学领域，用以描述个体对审美对象的新鲜感降低，不再感受到强烈的审美愉悦，如今此概念亦可用于描述人对某事物或个体的兴趣减退，乃至产生厌烦和麻木的心理状态。人们对于新鲜、独特的人或事物往往会产生探究和好奇的心理，这种心理会为他们带来一定的刺激和愉悦感，称为新奇感。新奇感源于事物或人物"新"与"奇"的特性，"新"指的是事物刚刚出现的状态，"奇"则是指与常规不同的特质。然而，值得注意的是，"新"和"奇"并不会持久，"新"的事物最终会变得陈旧，而"奇"的事物在频繁出现后也会变得平常无奇。因此，如果在高校思想政治理论课教学中引入智慧课堂教学模式，仅仅依赖学生的新奇感来维持学习热情，那么一旦新奇感消退，学生对该课程的投入和兴趣可能会减弱，出现审美疲劳。因此，在智慧课堂环境中，维持学生的长期学习热情和积极性是一项重大挑战。

（二）提升课堂讨论质量

学生课前自主学习程度和课堂讨论整体效果呈正相关，若学生能在课前认真预习并积极拓展相关知识，他们便会发现值得深入研究的问题，通过思考、讨论和领悟，学生就能在课堂互动中找到关键议题，并表达个人意见。反之，若学生课前学习态度消极，缺乏投入，其课堂讨论中的观点往往显得浅显模糊，难以清晰表达，也难以对他人观点做出恰当评价。长此以往，问题积累，可能导致课堂专题讨论失去其应有的价值，沦为无足轻重的“鸡肋”。

智慧课堂教学模式之所以受到关注，主要归功于其将教与学紧密结合的模式，并能有效激发学生主动探索和深入剖析问题的潜能。具体表现在以下几个方面：一是充分激发学生的参与热情，引导他们积极参与问题讨论；二是显著提升学生的团队协作能力。通过课堂专题讨论，教师得以实现课堂讨论教学所设定的认知目标。反之，认知目标的达成程度亦能反映出学生的探索与研究精神的强弱。

新媒体环境下，大学生信息素养普遍相对较好，他们接触信息广泛，但认知能力有待提高，抽象思维发展不足，仍处于感性的、不成熟的思维阶段。由于思想政治理论课具有较强的理论性，大学生理解、适应这门课存在一定困难，因此往往更倾向选择煽情、浅层或感性的讨论课题，面对更有理论深度的讨论话题往往选择回避，导致在讨论中涉及的主题价值内涵不高或理论性不强，尽管课堂氛围热烈，但实际效果并不理想，这在一定程度上对课堂讨论的效果与质量造成了影响，从而阻碍了智慧课堂教学模式的进一步推进。因此，在思想政治智慧课堂教学模式下的课堂讨论中，若所探讨的话题缺乏深度，将失去构建该教学模式的初衷。为改善这一状况，教师需要注重培养学生抽象思维能力，引导他们深入探究理论性更强的话题，以实现教学效果的全面提升。

为确保课堂讨论效果，教师需平衡“放”与“收”。首先，“放”是赋予学生自由，鼓励他们基于个人知识结构和在线学习经验深入分析问题，形成独特见解，并围绕课堂讨论话题积极发表意见、交流想法。这种自由氛围能提高学生的参与度，促进思维碰撞与知识共享，然而，这种自由并非无度，教师还需懂得“收”，即适时引导与管控。在学生交流过程中，教师应表扬精彩观点、评价讨论过程、捕捉灵感、及时纠正偏离主题的现象，同时，讨论时长亦需适度控制，确保氛围既活跃又有序。然而在智慧课堂教学模式的实际教学实践中，课堂讨论常常出现两大问题：一是过度自由导致混乱，学生讨论偏离主题，难以回归中心；二是过度约束导致沉默，形成冷场，影响讨论效果。这都反映出教师对课堂掌控不足，无法收放自如，影响讨论效益与价值，学生难以获得深刻体验。因此，教师在组织课堂讨论时应把握好“放”与“收”的平衡，确保讨论高效推进，实现最佳教学效果。

（三）合理安排学习时间

在高校思想政治理论课中应用智慧课堂教学模式引发了一个亟待解决的问题——如何科学合理地分配学生的学习时间。相较于传统教学模式，混合式教学模式显著增加了学生的学习时长，学生在课程上的学习时间至少增加数倍，给他们带来不小的学习压力，一些学生对这一变化持有不赞同的观点。

智慧课堂教学模式将课堂教学活动划分为三个环节，其中一个环节需要在课堂教学过程中完成，另外两个环节则需要在课堂之外完成。由于线上自主学习任务分散，学生在新媒体环境下自学易受到众多无关信息的干扰，大量本应投入学习的精力与时间被浪费与分散，使得学习专注度和时间管理变得散乱，学习效率自然下降。思政课方面过多的自主学习时间还会对其他课程的学习时间安排形成挤压，从而引发学生的不满，甚至阻碍智慧课堂教学模式的推广与应用。教师需要对三个环节的教学活动时间进行合理设定，确保主次分明、难度适中、比例适当，从而实现三大环节之间的协调性。学习时间的平衡分配至关重要，需要教师谨慎而精准地把握。

（四）恰当运用技术手段

在智慧课堂教学模式日益普及之际，首先需深入探究教育与技术手段之间的内在联系。随着5G、人工智能、大数据等前沿信息技术的迅猛发展，教育信息化在教育领域的推进如火如荼，备受高校青睐的同时亦得到各级地方政府资金、政策等多方面的支持。然而，尽管高校在先进科技设备方面已经有了广泛应用，但课堂教学质量并未得到相应的质的提升，这主要是因为先进硬件设备虽然为学校、教师及学生带来诸多便利，但传统教学模式所遗留的问题未能随着设备的升级而得到有效解决。此外，无论科技如何进步，也无法完全取代师生面对面交流对学生学习的推动作用。因此，在课堂教学中，对信息技术的应用要审慎考量。尽管科技对于推动教育现代化具有重要作用，但学生的知识积累主要源于他们自身的观察、实践与思考，而非科技的应用。因此，在智慧课堂教学模式实践中必须明确教育和科技应用之间的界限，技术手段应被视为一种辅助工具，而非教学不可或缺的主体。

此外，还需要关注技术手段与学生之间的关系。技术手段在教学中的应用程度应视学生的年级阶段不同而有所差异，对于年幼的学生，运用技术的“寓教于乐”模式有助于他们理解和消化教学内容，然而对于高校大学生而言，过度的“教学娱乐化”可能导致他们难以静心钻研书本知识，降低其独立阅读能力。学习是一个思辨的过程，只有刻苦钻研才会有所收获。教学是一门艺术，但不是娱乐的艺术，所以课堂教学可以适当运用新媒体技术，但过多技术手段的应用则是舍本逐末，不利于学生的成长，也不利于教育的良性发展。

第八章 新媒体环境下高校思想政治直播互动教学模式

随着网络信息技术的飞速发展，网络直播作为新媒体技术发展的新秀，凭借自身实时互动、形式多样、内容丰富等优势，深受人们喜爱，将其应用于教育领域便衍生出直播互动教学模式。本章主要研究新媒体环境下高校思想政治直播互动教学模式的相关内容。

第一节 网络直播及直播互动教学

一、网络直播

(一)网络直播的发展

网络直播作为一种新兴的信息传播方式,近年来得到了迅猛发展。虽然其发展时间较短,学术界尚未对其有确切的定义,但可以综合多方理解,将网络直播定义为以视频为主要表现形态,依靠现代信息技术,利用互联网平台实时向终端用户展示事物即时状态的一种信息传播方式。

国内网络直播可以追溯到2005年YY语音率先推出的以简单唱歌和表演为主要内容的视频聊天室,这被认为是网络直播模式的雏形。随后,随着网络技术的不断进步和普及,越来越多的直播平台如花椒、快手等纷纷加入这一新兴市场,使得网络直播逐渐走进了人们的日常生活。

2016年网络直播行业迎来了井喷式的发展,被称为“网络直播元年”。在这一年,各大直播平台为了吸引更多的流量和用户纷纷展开激烈的竞争,他们不仅推出各种创新性的直播内容,还加强了与网红、明星的合作,借助他们的影响力和粉丝基础吸引更多用户关注。

随着网络直播的不断发展,其影响也逐渐渗透社会的各个角落。首先,网络直播为人们提供了一个全新的娱乐方式。观众在家中就能观看到各种精彩纷呈的直播内容,包括游戏直播、音乐表演、才艺展示等,大大丰富了人们的娱乐生活。其次,网络直播也为许多人提供了一个展示自我、实现梦想的舞台。他们可以通过直播展示自己的才艺和个性,吸引关注,进而实现自己的职业目标。

此外,网络直播还在商业领域发挥了重要作用。越来越多的企业和品牌开始利用直播平台进行产品推广、营销活动等,通过直播互动的形式吸引消费者关注和购买。同时，一些电商平台也借助直播功能，实现了线上线下的融合，提升了销售效果。

然而，网络直播的发展也面临着一些挑战和问题。例如，一些直播平台存在直播内容质量不高、低俗信息泛滥等问题，需要加强监管和规范。此外，网络直播行业的竞争也日益激烈，平台需要不断创新和提升服务质量，才能吸引和留住用户。

（二）网络直播的特点

1. 实时性

网络直播作为实时信息传播的平台，其独特之处在于未经后期剪辑的原初性，这种原初性为观众展示了事物的真实情况，提供了广阔想象空间的同时也充满了不可预测的悬念，因此吸引了大量观众的好奇与关注。与此相比，传统的文字与图像虽然在信息传递方面也发挥着重要作用，但它们往往是非实时的，存在一定程度的信息滞后问题。此外，这些信息在传递过程中还可能受到传递者个人情感因素和理解能力的影响，导致信息不能完全还原事实真相，更重要的是，文字、图片和视频等媒体内容可能会在后期经过篡改、处理和剪辑，使得呈现给接收者的内容与真实情况存在较大差异。而网络直播能够实时向观众展示现场画面，从而极大地提高了信息的真实性和可靠性。

2. 互动性

网络直播中，主播通过实时信息传播与观众互动，观众则通过点赞、评论、发弹幕和刷礼物等方式参与对话，这种互动模式不仅为主播与观众，也为观众之间提供了交流途径。观众提出问题，主播即时回应，这种即时的互动有效削弱了直播参与者之间的距离感，构建了一个虚拟的现场环境，显著提升了观众的参与感与乐趣。此外，作为网络直播中的重要组成部分，弹幕使直播更加生动，仿佛实现了主播与观众面对面的交流。通过实时互动，网络直播打破了传统的单向信息传递模式，将其转变为双向沟通方式，不仅有效提高了信息传递速率，也极大地改善了用户体验。

3. 灵活性

网络直播作为一种新型媒介，巧妙地将传统媒介的表现内容融为一体，显著提升了内容的观赏性和吸引力，进而拓宽了受众群体。主播仅需配备一部智能手机，能够连接网络，便能随时分享个人状态并进行现场直播，而观众也只需登录相应的直播平台，即可观看直播内容并参与互动。在网络直播中，参与者既可以是知名人士，也可以是普通大众，这种开放性和包容性使得网络直播突破了虚拟性的限制，为用户带来了更加真实的体验。

在直播内容方面，电视直播往往聚焦国际国内重大事件，而网络直播则更加关注生活娱乐领域，涵盖了个人生活记录、商品售卖等多个方面，相较于电视直播的专业性、严谨性和技术性，网络直播展现出更高的灵活性、便捷性和生活化。此外，网络直播不受时间限制，观众可以在任何时间观看直播内容，同时，借助网络存储技术，直播内容还能实现多次循环播放，进一步满足了用户的多样化需求。

4. 广泛性

随着网络直播行业的蓬勃发展，全民主播已成为一种社会潮流，越来越多的人从单纯的观众转变为直播内容的创作者。在网络直播的早期阶段，有意成为主播的个体还需要通过专门的直播公司面试，展示自己的才艺或颜值，经过筛选后才可在公司协助下开设个人的直播间。尽管相对于传统新闻主播或电台主播，网络主播的选拔门槛已然较低，但仍非人人都能顺利通过。随着全民直播时代的到来，用户仅需通过简单的注册和信息认证即可开启直播，无须再经过复杂的背景和能力考核，这一转变极大地降低了直播的准入门槛，使得直播平台真正成为一个大众化舞台。

网络直播的内容灵活多变，不受剧本限制，亦无须提前彩排，主播可以根据自身才艺和实时情境进行即兴发挥，吸引观众的关注和点赞。同时，这种新兴的直播形式打破了传统电视广播的垄断地位，使得在每个人都拥有拍摄设备并连接网络的今天，直播话题的覆盖范围更加广泛，直播场景也愈发贴近日常生活。

网络直播的广泛性不仅为个体提供了展示自我和获取满足感的新途径,更在推动社会信息传播和交流方式多元化方面发挥了积极作用。

(三)网络直播的分类

当前,网络直播纷繁多样,主要包括电商直播、游戏直播和生活直播。

1. 电商直播

电商直播是目前极为流行的网络直播形式,它实质上是一种创新营销策略,主要通过直播平台对商品或服务进行有针对性的展示和解说,旨在促进销售,主要的电商直播平台有“淘宝”“京东”“拼多多”等。相较于传统的线上购物,电商直播以其多维度的信息展示和生动的直播模式为用户带来更加丰富的视觉体验。在直播过程中,主播们利用优惠券、福袋抽奖等手段吸引大量流量的同时,也为产品进行了二次宣传,这样的模式不仅提升了购物的趣味性,还弥补了传统电商销售中缺乏即时互动和难以及时解决问题的缺陷。电商直播打破了线上线下的界限,拉近了商家与消费者之间的距离,为消费者带来了更加真实和丰富的购物体验。此外,电商直播还实现了交易场景的多元化,无论是工厂、田间地头还是仓库,都可以成为直播的场地,大大降低了存储成本。主播与助理间热情而紧凑的问答互动,营造出一种紧迫感,促使消费者更快做出购买决策,这种问答式的沟通方式也有效提高了消费者的购买频率。电商直播作为数字经济的重要组成部分,未来将与更多生活方式相融合,催生更加完善的供应链体系,以更加优质的消费体验来吸引更多消费者。

2. 游戏直播

随着游戏产业的蓬勃发展,电子游戏直播已逐渐成为网络直播的重要组成部分,这类直播以展示各种游戏的玩法为核心内容,与才艺表演和电商推广等直播形式相比,更受男性观众的喜爱。市场需求的持续增长推动了相关平台的发展,如虎牙直播等纷纷设立专门的游戏直播间。对于主播而言,通过展现精湛的游戏技巧或独特的个性魅力,不仅能够获得观众的认可,还能获得礼物打赏等收入,部分知名主播甚至能够与直播平台签约,获取更多收益。对于热爱电子竞技的观众来说,观看游戏直播不仅能学习游戏技巧,还能满足个人的娱乐需求。游戏直播不仅助力多家曾面临困境的互联网公司成功转型,也为游戏爱好者提供了更多就业机会,无数年轻人被吸引而投身其中,梦想成为游戏直播中的顶级主播。

3. 生活直播

生活直播源于早期秀场直播,但两者存在本质差异,早期秀场直播内容往往过于低俗,随着大学生群体的加入才开始焕发新的活力,作为秀场直播的扩展与深化,生活直播已逐渐演变成为一种综合性直播。与早期的以俊男美女才艺展示为主的秀场直播相比,生活直播已拓展出美妆、美食、运动等多种直播内容,不仅如此,为吸引更多观众,主播们还参与挑战,尝试新鲜事物。如今,游戏、秀场类单一直播正逐渐转变为全民参与的多元化泛生活类直播。

泛生活类直播的迅猛发展主要得益于其成功突破了传统秀场直播对电脑端的依赖,体系日趋完善,同时,其用户定位也转向了对新鲜事物充满好奇心的90后、00后等年轻群体,相较于其他群体,这部分用户具备较高的素质水平,且拥有更多闲暇时间参与直播活动。

二、直播互动教学

随着新媒体的不断发展,网络直播逐渐成为互联网视听领域下新的知识传播渠道,催生了新型教学模式——直播互动教学,网络直播与传统教育在知识传播领域成功碰撞,形成互补,实现了教育方式与传播方式同频共进。

习近平总书记在全国高校思想政治工作会议上强调:“要运用新媒体新技术使工作活起来,推动思想政治工作传统优势同信息技术高度融合,增强时代感和吸引力。”[①] 如何将新媒体技术与高校思想政治理论课进行有效结合,不断彰显思想政治理论课的时代价值,需要高校教师进

① 习近平.习近平谈治国理政(第二卷)[M].北京:外文出版社,2017:378.

行不懈探索。近年来,直播互动教学作为一种新兴教学模式在我国教育领域获得了推广与应用,该模式通过充分运用互联网技术,打破了地域和时间的桎梏,有效促进了优质教育资源的共享,其渲染式互动的特点更是显著提升了教学效果,做到了思想政治工作的因时而进和因势而新。该教学模式有以下显著特点。

(一)提高教学效果

经过精心设计的沉浸式远程直播互动教学为学生提供了丰富多样的学习资源,涵盖课件、视频、文献等多元化内容,这些资源旨在满足学生随时随地预习、复习及深入学习的需求,为学生提供全方位的学习支持与保障。同时,教师可根据学生的个性化需求推送有针对性的学习资源,进一步提高学生的学习效率。

直播互动教学模式通过实时互动交流和在线解答疑问等手段促使学生更加积极参与课堂教学,教师也能够依据学生听课过程中的即时反馈,灵活调整教学进度与方法,提升学生学习效果。此外,直播互动教学模式还能够采取远程分组讨论、实验演示等多样化教学手段,进一步丰富教学内容,提高教学质量。

(二)教学资源共享

直播互动教学模式成功地打破了校际与地域的限制,实现了优质教学资源的广泛共享,这使学生无须奔波便能接触到丰富多样的优质课程,进一步拓宽了他们的学习视野,同时,这种教学模式也为不同高校的教师之间搭建了一个沟通交流的平台,促进了不同学校教师教育教学水平的共同提升。

(三)教学方式灵活

直播互动教学模式具备灵活多变的特点,包括实时讲解、录播回放以及互动问答等,学生可以根据课程需求和自身情况进行个性化选择。教师可根据具体教学内容和学生特点,将传统面授与在线教学有机结合,以达到教学方式的最佳化,这种灵活的教学策略有助于提高学生的学习效率和教师的教学效果。

（四）实现多样化课堂互动

直播互动教学模式为学生提供了多样化的互动工具，诸如弹幕交流、问卷调查以及在线答疑等，这些工具鼓励学生积极参与课堂，充分展现个人思考与学习成果，显著提升了学生在课堂上的参与度和活跃度。对于教师而言，通过这些互动工具能够实时掌握学生的学习需求与反馈，进而灵活调整教学策略，实现教学效果的优化与提升。总之，直播互动教学模式不仅促进了学生的全面发展，也为教师提供了更加精准的教学辅助，实现了教学双方的共同成长与进步。

（五）课堂适应性强

直播互动教学模式具备出色的适应性，能够灵活应对不同专业、课程以及年级的特定需求，并进行相应的教学调整，同时亦能与其他教学模式如翻转课堂、微课、慕课等实现有机融合，满足教师和学生的多种需求。

直播互动教学作为一种刚崭露头角的教学模式，在我国教育领域展现出广阔的应用潜力。沉浸式远程直播互动教学凭借其独特优势为教学活动构建了一个人性化、智能化的互动环境，有助于推动学生的个性化学习、开放式学习和泛在学习。因此，深入研究直播互动教学模式，提高直播互动教学质量，有助于提升高校思想政治教育效果。

第二节　新媒体环境下高校思想政治直播互动教学模式的优势

随着网络信息技术，特别是移动互联网技术的迅猛发展，我国已进入“人人皆媒，全民直播”的时代，网络直播以其实时性、互动性、灵活性和广泛性等特点，深受广大民众特别是青年人的喜爱。这种新兴的传播方式不仅丰富了人们的娱乐生活，同时也为高校思想政治理论课的教学改革带来了新的机遇。

一、由被动变主动，激发学生的学习兴趣

要上一堂让学生真心喜爱、终身受益、毕生难忘的思想政治理论课，教师必须在激发学生的学习兴趣方面下足功夫。因为兴趣是学习的最佳引导者，只有让学生对思想政治理论课产生浓厚的兴趣，才能激发他们学习的主动性和积极性，从而更好地发挥这门课程立德树人的重要作用。这就要求高校在进行思想政治理论课教学改革时必须坚持以学生为本的教育理念，精准把握学生的个性特点、思维方式和行为习惯。

网络直播在很大程度上满足了大学生的好奇心、减压需求和娱乐欲望，已经成为他们日常学习和生活中不可或缺的一部分。在这种情况下，思想政治理论课的教学改革必须主动适应学生群体的新变化和新特点，积极利用网络开展直播互动教学，使教学从线下转移到线上，更加贴近学生的实际生活，激发他们的学习兴趣。

与传统的课堂教学相比，在直播互动教学的过程中，学生们可以在评论区及时地对教师的授课情况进行评价，大大增强了课程参与感。同时，直播互动教学打破了课堂教学的空间限制，使得获取知识变得更加便捷。无论学生身处何地，只要有网络连接就可以进入直播课堂实时观看教学直播。这种便捷性很容易催生学习的联动效应，例如，如果一个学生在宿舍观看思想政治理论课的教学直播，他的行为很可能会吸引室友们的关注，并促使他们一起加入观看直播的队伍。

因此，借助直播互动教学这一新型模式，思想政治理论课可以有效融入学生的生活方式，提升课程的趣味性和丰富性，激发他们的学习兴趣，实现从“要我学”到“我要学”的转变。这种教学模式不仅能够使学生真正爱上思想政治理论课，还能让他们在终身受益的同时留下难以忘怀的回忆。

二、由压力变动力，提升教师的综合素质

思想政治理论课对于塑造学生正确的世界观、人生观和价值观具有

不可替代的作用，而这种塑造在很大程度上依赖于教师的专业水平和教学能力。教师的专业素质、道德修养、教学热情和创新能力，构成了上好思想政治理论课的核心要素。

思想政治理论课的教学成效并不是孤立的，它与教师的综合素质紧密相连。这种素质包括但不限于教师的专业知识水平、课堂管理能力、与学生的沟通技巧以及对于时事的敏感度和洞察力。在传统的思想政治理论课教学中，教师通常在封闭的课堂环境里与学生互动，他们的教学表现和成果主要受到所在班级学生的评价和反馈，然而在直播互动教学模式下，情况有了显著的变化。直播互动教学为思想政治理论课教师提供了一个全新的平台，这个平台既具有无限的可能性，也充满了挑战。在这种模式下，教师的教学不再局限于一个班级，而是面向更广泛的受众，这可能是整个学校甚至是全国范围的学生和公众。思想政治理论课的直播课堂可能同时被成千上万的观众观看，教师的一举一动、一言一行都将暴露在公众的目光下，这种场景对教师提出了更高的要求。

直播互动教学就像一把“双刃剑”，它既能放大教师的优点，让优秀的教学能力得到更广泛的认可，从而提升教师的社会影响力和知名度；同时也毫不留情地暴露教师的不足，可能会对教师的职业生涯造成负面影响。因此，对于思想政治理论课教师来说，网络直播教学无疑带来了更大的压力。

面对这种压力，思想政治理论课教师需要在两个方面下功夫：一是从思想上重视直播互动教学的效果，树立起上好思想政治理论课的决心和信心；二是从行动上做好准备，精心设计教学内容，选择恰当的教学案例，组织有效的教学语言，运用得体的形体语言，确保在直播互动教学中能够以最佳的状态展现自己的教学能力。

三、由封闭变开放，推动教育的均衡发展

自党的十八大以来，我国思想政治理论课在党中央的高度关注和坚强领导下，其重要地位、关键作用和不可替代性已得到全社会更为清晰和全面的认识。在这种深化认识的过程中，全国众多高校纷纷制定并出台了一系列思想政治理论课教学改革措施，期待该课程能在立德树人的工作中发挥出更好的效能。

经过多年的不懈努力，思想政治理论课的教学改革已经取得了一定的成效，其教学质量也得到了显著提高。然而，受某些历史原因和现实困难的制约，我国不同地区、不同高校之间在师资力量、教育资源和学科建设等方面仍存在不小的差距，这也使得思想政治理论课的教学质量出现了参差不齐的现象。面对这一“老大难”问题，实现思想政治理论课教育的均衡发展无疑成为新时代改进和加强思想政治理论课建设的必由之路。

作为“互联网＋教育”模式的一种创新形式，直播互动教学充分发挥了互联网的开放共享优势，实现了教学资源到教学过程的即时共享，为弥补教育差距、推动教育公平提供了全新的解决方案。直播互动教学打破了传统高校的“围墙”，冲破了教育资源的垄断壁垒，使得优质教育资源得以辐射至全国各个角落，让一位优秀的教师不再只能服务于几十名学生，而是有可能辐射到成千上万名学生。

因此，思想政治理论课通过直播互动教学的模式不仅能够将优质教育资源的价值和使用效能最大化，甚至有可能形成全国师生“同上一堂优质思想政治理论课”的良性局面，这对于推动思想政治教育的均衡发展具有重要的意义。

第三节　新媒体环境下高校思想政治直播互动教学模式的运行策略

一、在直播互动工具选择上注重备份与专业

我国大范围开展在线教学始于2020年。面对紧迫的在线教学工作，我国大部分高校广泛征求了各学科教师意见并制定了相应方案，选择了一种或几种在线教学工具。然而，随着大中小各级各类学校陆续开展线上教学，短时间内激增的使用量给各款软件平台带来了井喷式的流量冲击，导致学校指定的某些软件平台出现不同程度的崩溃、中断。面对网络直播教学稳定性的质疑，多数学校不得不修改了原先的教学方案并鼓励教师自主选择合适的平台，以推进线上教学的顺利开展。

实际上，面对这些情况，在教学目标、课程设置、教材使用(电子教材)、教学管理等方面，既要有统一的要求，又要因地制宜、因时制宜、因材施教，坚持统一性和多样性相统一的原则，采取双备份、专业化的策略才是解题的良方。正如古语所说："工欲善其事，必先利其器"。对于开展直播互动教学来说，开播前无论是学校还是教师都应选择并确定好直播互动的工具，这一工具既是教师开展线上教学的教具，也是学生在线学习的学具，在选择上要注意工具原初开发的属性。也就是说，市面上有些直播互动工具开发的目的是为教育教学工作服务的，有些则是主打娱乐社交的。因此，高校和教师在选择直播互动工具时应尽量选用专业性强的教学软件平台，此外，实践中还应先试再用、先练再用、先测后用，这样才能确保在线教学的质量和效果，使学生在线上也能享受到优质的教育教学服务。

二、在教学设计上采取讲授与互动穿插进行

思想政治理论课的直播互动教学模式绝对不能简单地复制实体课堂的教学方式和设计。在线教学模式是基于互联网思维全新构建的，它不是传统教学的简单迁移，而是在网络平台上对教学内容进行深度整合，以适应在线教学特点，重新规划教学结构、创新教学流程和方法的现代教学模式。这种教学模式利用互联网信息技术的强大支持，旨在实现更高层次的教学目标和价值。

为了有效地实现思想政治理论课的在线教学目标，教师在直播互动教学的设计上必须进行精心策划和深入研究。在直播互动教学中，教师需要坚持灌输性和启发性相统一的教学原则，以启发式教学为主。教师需要采取讲授和互动相结合的策略，使两者相互补充，相得益彰。

受传统思政课教学模式的影响，"灌输式"教学法一度成为洪水猛兽，教师避之不及，但其实，灌输法是马克思主义理论教学的基本方法之一，要让学生接受教师传达的理论知识，灌输法必不可少，从某种程度上来讲，启发也是"灌输"，没有灌输的启发是不存在的，但这和填鸭式的"硬性灌输"有着本质区别，教师要注重启发式教育，要带领学生走在探究的道路上，认识问题、分析问题、探索问题，在质疑—解惑—恍悟的过程中将理论内化于学生心中。

在直播过程中，教师也需要将对思想的引导融入知识传授，通过互

动帮助学生解决心中的疑惑,突出思想引领。当前高校大学生被称为数字时代的“网络原住民”,他们一出生便被各种网络媒介所环绕,网络已然深深地融入他们的学习和生活方式。如果教师在直播互动教学中只是单向地灌输知识,没有提问和互动,不让或较少让学生参与教学过程,那么即使教学形式再新颖,也难以达到预期的效果。因为这样的教学模式忽视了互联网思维中重要的用户思维,即强调参与和体验。如果学生在课堂上没有充分的表达机会,教师又如何了解学生情况进而开展有针对性的教学呢?又如何实现教学的启发性,从知识传授到智慧启迪,再到思想观念的引导呢?因此,设计好教授和互动环节,充分利用直播和互动工具是做好直播互动教学的基础和保障。

在教学中,教师既要起到主导作用,善用互联网思维,研究学生的认知规律和接受特点,又要充分尊重学生的主体地位,激发学生的参与热情。直播互动环节设计的目的是引导学生发现和分析问题,通过不断的启发和互动,让学生自然而然地得出结论。在教学过程中,教师需要根据教学设计和目标灵活地将讲授和互动教学相结合,互动的形式需要根据教学内容的需求进行灵活安排,讲授和互动不是各自独立的,而是相互补充的。教师在直播时要充分利用平台的评论、弹幕和“连麦”功能与学生进行互动,对于学生的提问,教师要进行针对性的回答和解释。

三、在直播内容与互动上坚持紧扣重难疑点

思想政治教育并非简单的知识传递过程,必须要通过思想之间的碰撞和交流来达到教学目的,这就需要教师和学生们共同参与对问题的探索和思想的交锋,让思想政治课堂真正充满智慧,这一点无论对于传统的线下实体课堂还是新兴的线上直播课堂都是适用的。

互动教学是以问题导向教学法为基础的,它强调的是师生之间的互动和交流,这些都是由对学生难以解决的问题的探索和解答而引发的。互动并非各自为政,而是需要师生以及学生之间通过合作或竞争的方式共同探究和解决问题。因此,教师首先需要做的是梳理出自己所讲授课程的问题链,并按照问题节点(而非知识单元)来组织教学。

教学问题链的构建是复杂的,需要教师抓住其中的重点、难点和疑点。重点问题通常是课程知识体系内在逻辑所决定的关键问题,是教和学的核心;难点问题则包括教师难以清晰阐述和学生难以理解的问题,

它们未必是重点，重点也未必是难点；疑点问题则是教师或学生存在疑惑和困惑的问题。

在直播互动教学中，需要特别关注那些既是重点又是难点，或者同时是重点、难点和疑点的问题，要集中资源和精力来解决这些问题。除了这些问题之外，还有“热点”问题，但热点并不一定是教学的关键，它们可以作为讨论的切入点和教学的补充。教师需要了解学生感兴趣的热点，可以说重点问题主要掌握在教师这一方，而热点问题则主要掌握在学生这一方。

对于难点和疑点问题，教师和学生面临的可能会有所不同。教师需要善于将学生感兴趣的热点引导到重点和难点问题上，同时也要善于解决学生的难点和疑点。将学生的难点问题引导到教师的难点问题上，是提升学生探究兴趣和理解能力的好方法，但教师是否需要将学生的问题引导到自己的疑点方面则需要慎重考虑，对疑点的解答要求教师有足够的课堂把控能力和深厚的专业基础。

当然，在教学过程中，还必须贯彻政治性和学理性相统一、价值性和知识性相统一、建设性和批判性相统一的原则，这样做的目的是增强直播互动教学的思想性、理论性、亲和力和针对性，从而达到更好的教学效果。

四、在教学管理上坚持宽严相济、惩前毖后

在采用网络直播进行互动式教学的过程中，教师必须在教学管理方面保持高度的警觉、细致入微的关注和温馨体贴的态度，同时，在教学策略的制定上应该采取既宽松又严格，惩罚与奖励并存的措施，以确保教学的顺利进行和学生的全面发展。面对在线教学过程中可能出现的各类问题，教师需要进行深入的分析和思考，制定出有效的应对策略，并恰当地行使自己的“自由裁量权”。

以学生的迟到问题为例，有的教师在课程正式开始前 10 分钟便通过直播平台发布签到指令，并将签到时长设置为 20 分钟，即签到时间为从开课前 10 分钟至课程开始后 10 分钟。这种做法不仅为学生提供了充足的时间进行签到，还充分考虑到了那些习惯最后一刻进入课堂的学生上线签到的时间（当然，对于多次在最后一刻签到的学生应给予提醒甚至警告，防止其他学生效仿）。如果学生由于特殊原因无法在规定时

间内完成签到，他们可以通过微信群向助教或教师说明具体情况，以便后续进行核实并进行补签。

在管理线上教学时教师需要细心观察，对于那些地处偏远地区，由于网络问题无法正常签到和听课的学生，教师应当给予温暖的回应并采取不同的处理方法，同时准备有针对性的替代教学方案。然而，对于那些多次迟到、无故缺课、频繁离开直播间的学生，教师需要及时给予提醒甚至警告，以达到惩戒少数、提醒多数的效果。

在教学管理方面，教师还应注重运用技巧，体现教学的先进性。并非每一次直播授课都需要进行签到打卡来考查学生的出勤情况，教师可以根据实际情况调整教学管理策略，比如可以在课程开始后先开展互动，然后再进行讲授，通过检查学生回答情况等方式，观察学生是否参与了教学互动，从而判断学生是否出勤或迟到等，这同时也可以作为教师在授课前了解学生学习情况的一种手段。实际上，互动环节本身就是一种隐性管理，而在教学全流程中多次进行互动相当于全程隐性教学管理，学生的参与程度和参与质量高低都可以通过数据进行追踪和评估。

五、在教学评价上重过程、留痕迹、善激励

思想政治理论课采用直播互动教学模式必须重视保存教学过程的痕迹，确保教学活动的可追溯性。例如，腾讯课堂本身具备直播视频回放功能，教师可以借助这一功能，通过录屏软件将直播互动教学视频录制并保存下来，为研究分析直播互动教学的效果积累丰富的视频素材。同时，对于直播教学过程中的教学管理和教学互动数据更应当给予高度重视，并妥善保存。

思想政治理论课的直播教学如果持续进行一个学期，如何评价学生的线上学习效果就成为一个亟待解决的实际问题，这个问题还关系到教师在线教学效果。如果教师在课程开始时就没有做好充分的准备，认为直播教学不过是心血来潮的教学模式改变，讲完就没事了，在教学过程中忽视了对学生教学管理和教学互动的痕迹留存，那么在期末成绩评定时就可能会遇到缺乏足够数据支持的尴尬局面。

为了科学地评价学生参与直播互动教学的情况，教师需要采用过程化的考核管理方式，以此来约束和督促学生，同时需通过常态化的线上测试来检查学生的学习状况。此外，通过精准化的任务可以激发学生自

主探究或合作完成对疑难问题的解答，通过科学化的平时成绩反馈，可以激励学生更加努力地完成各项学习任务。最后，通过累积性的量化指标可以数据化地评定学生的最终成绩。这些方法构成了思政课直播互动教学评价的“组合拳”。

任何一种新兴的教学方式、教学组织形式的发展与成熟都需要经过实践的磨砺、时间的考验和经验的积累。在新媒体时代，“互联网 + 教育”、信息化教学已经成为教育发展的大趋势，高校要顺势而为，利用技术赋能思想政治教育现代化，培养教师直播互动教学能力，提高教师信息技术使用意识和应用能力，为讲好思政课，推动新时代高校思想政治教育高质量发展而不懈努力。

第九章 新媒体环境下高校思想政治共享社区教学模式

随着社会的不断发展与进步，高校思想政治教育正面临一系列严峻挑战，一方面，传统教学模式已难以契合时代发展的新要求，另一方面，高校大学生因为心理问题的原因频繁出现意外事故，这一现状警示高校思想政治教育工作要关注大学生心理状况，不断提升高校思想政治教育的实效。基于此，学界提出了构建高校思想政治共享社区的教学新模式，尝试将社会工作视角引入高校思想政治教育，构建“思想政治教育＋社会工作”新模式，旨在将理论与实践紧密结合，全面增强大学生的思想政治素养，圆满完成新时代赋予高校的思想政治教育使命，培养优秀的社会主义建设者和接班人。

当前，我国改革开放和社会主义现代化建设深入推进，实现中华民族伟大复兴进入了不可逆转的历史进程，构建高校思想政治共享社区对于培养具有国际视野、创新精神和责任担当的优秀人才来说具有重要意义。通过实施高校思想政治共享社区教学模式，可以有效整合校内外优质教育资源，实现教育教学资源的共享和优化配置，从而提升思想政治教育实效。思想政治共享社区强调将课堂理论知识与实践操作相结合，使学生在亲身实践中感悟、领会和掌握思想政治理论课内含的道理、学理和哲理。在共享社区框架下，学生将有机会参与各类志愿服务和实践活动，不仅有助于增强他们的社会责任感，还能进一步培养其团队协作与沟通能力。

第一节　社区及共享社区

一、社区

“社区”是指一定地域范围内，由多个社会群体或组织集结而成的集合体。其成员不仅因地域相近而聚集，更因共同利益或需求产生心理认同和互动，进而形成强大的凝聚力，这一地域性生活共同体的形成源于其成员共享的价值观和共同追求的目标。

二、共享社区

共享社区作为一种新兴的居住模式正日益受到全球范围内的关注。尽管共享社区的定义存在多种不同的解读，但其起源和基础概念可以追溯至国外的“合作居住”（Cohousing）模式，这种模式起源于20世纪60年代的丹麦，这种居住方式特别强调社区成员之间的合作与互助。在合作居住社区中，除了私人卧室，公共空间和设施也占据重要地位。这些公共空间包括但不限于宽敞的客厅、厨房、洗衣房、儿童游乐区等，所有居民都有权在这些空间进行自由活动和交流。这种共享环境不仅促进了居民间的互动，更深化了他们之间的关系，使得社区氛围更加融洽。此外，合作居住社区的居民们还能积极参与社区的规划设计和管理工作，为社区的优化和发展贡献自己的智慧和力量，他们不仅关心自己的生活和家庭，还关心社区的整体发展和其他成员的福祉，这种强烈的社区参与感和归属感使得居民们更加愿意为社区的长远发展付出努力。

随着时间的推移，合作居住社区的理念逐渐演变为如今的共享社区。在共享社区中，居民们不仅共享公共空间和设施，还共同参与社区的管理和决策。为了加强居民之间的交流，社区还会定期组织各类公共活动，如庆祝节日、举行座谈会、开展亲子活动等，这些活动不仅增进了邻里之间的了解和友谊，更为社区营造了一种充满活力和温馨的氛围。

三、新媒体环境下的高校思想政治共享社区教学模式

高校思想政治共享社区教学模式旨在通过建立高校与政府、企业以及社会各界多方参与的共享平台，促进高校思想政治教育资源的共享与优化。此举目的在于提升高校思想政治教育的质量与效率，确保教育资源的充分利用与高效管理。该模式特点鲜明，主要特点有以下几个方面。

（一）资源共享

资源共享已成为当前高校思想政治教育改革的重要趋势。高校思想政治共享社区教学模式作为一种创新的资源共享方式，通过构建资源共享平台实现了高校、政府、企业和社会之间思想政治教育资源的有效共享。这一模式不仅提升了资源的利用效率，减少了重复建设，还为高校思想政治教育提供了更加丰富、更为优质的服务。

首先，高校思想政治共享社区教学模式能够实现思想政治教育教学资源的全面共享，包括教材、课件、视频等。这种共享教学模式避免了各高校重复制作教学资源，降低了教育成本，提高了资源的使用效率，同时，共享平台为各高校提供了更多选择，使其能够根据自身需求选择适合的课程资源，从而提高教育质量。

其次，该模式还能够实现思想政治教育师资、实践基地、心理咨询等教育资源的共享。通过共享平台，优秀的师资力量、成熟的实践基地和完善的心理咨询服务等资源得以跨界共享，使得高校、政府、企业和社会能够相互学习和借鉴，尤其是师资不足、实践基地薄弱的高校可以因此享受到优质教育服务并实现追赶和跨越。

再次，高校思想政治共享社区教学模式促进了思想政治教育经验的共享。高校、政府、企业和社会可以通过共享平台分享自己的教育经验、方法和案例等资源，供平台内其他机构参考和应用，这种共享加强了高校、政府、企业和社会之间的交流与合作，也提高了高校思想政治教育的整体质量。

最后，该模式还推动了思想政治教育研究成果的共享。这种共享加强了高校、政府、企业和社会之间的学术合作，推动了思想政治教育研

究的深入发展。平台内可以分享各自的论文和研究报告等资源，为其他机构提供研究参考和借鉴，推动思想政治教育研究深入发展。

（二）合作共赢

高校思想政治共享社区教学模式作为一种创新教学模式，其核心在于建立合作平台，推动高校与政府、企业、社会之间的深度协作。这种模式的实施不仅促进了高校思想政治教育的改革与发展，而且对于促进整个社会教育资源和实践资源的优化配置具有深远的影响。

政府作为该模式的重要推动者，需要发挥好其作为国家机关的作用，应提供全面政策支持，为高校思想政治教育创造良好环境。具体而言，政府需制定相关法律法规，加强和保护高校思想政治教育建设，并出台相关政策鼓励和促进高校与政府、企业、社会之间的合作。此外，政府还需提供必要的资金支持，为高校提供充足的后勤保障，支持其开展思想政治教育实践活动。

企业在该模式中同样扮演重要的角色。思想政治理论课实践教学是高校思想政治理论课教学体系中不可分割的重要组成部分，也是大学生思想政治教育的重要一环。对于学生而言，可以在对企业的参观和调查中加深对社会与国情的了解，在实习和志愿服务过程中提高专业技能，进而全面提升职业道德和综合素质；对于教师而言，可以开阔视野、贴近社会，提高业务能力。

社会作为该模式的另一个重要参与者，也发挥着不可或缺的作用。高校应积极整合多方资源，借助社会实践基地，打造大学生的校外“第二课堂”，帮助大学生更好地将理论与实践相结合。一方面为大学生增长才干、提高实践能力提供机会，另一方面也为大学生增加知识储备、提高社会交往能力、培养综合素养提供平台。

（三）互动交流

高校思想政治共享社区教学模式实现了高校与政府、企业、社会等多方的共识、共建、共享，不仅畅通了信息传播渠道，更促进了各方思维碰撞与经验交流。在实际操作中，高校可借助该教学模式举办思想政治教育论坛、研讨会等活动，从而深化高校之间，以及高校与政府、企业、社会之间的思想交流、经验分享与合作发展。

高校思想政治共享社区教学模式在提升高校思想政治教育水平方面扮演了重要角色。首先，通过该模式，高校能够共享思想政治教育资源，实现资源的最优配置，这极大地提升了高校思想政治教育的针对性和实效性，为高校人才培养提供了有力支撑。其次，高校与政府、企业、社会组织之间的互动交流有助于加强高校与社会各界的联系，拓宽思想政治教育的视野，这能够帮助高校更精准地把握社会需求，为人才培养提供更为全面的保障。此外，高校思想政治共享社区教学模式还推动了高校之间的合作，促进了思想政治教育的发展。高校可以共同探讨思想政治教育的改革与发展方向，分享经验与做法，这有助于形成高校之间思想政治教育领域的合作共识，构建合作共赢的局面。同时，高校与政府、企业、社会之间的合作也为高校思想政治教育提供了丰富的实践资源，有利于思政教育实践创新。

（四）能力提升

高校与政府、企业、社会相结合已成为一种创新模式，推动高校思想政治教育实践走深走实，为大学生提供了社会锻炼的机会，让他们能够将课堂学到的知识应用到社会实践，既能让大学生在实践中服务社会，又能让大学生在实践中提升思想政治素养，提高他们的综合素质和能力。

在具体应用中，高校各院系、专业可结合学科特色，将思想政治理论课实践资源与专业结合，创建具有专业特色的思政实践空间，并在此基础上形成具有学校特色的思政实践品牌，在校内外和当地产生辐射带动和示范作用，在形成品牌效应后，共享社区能吸引到更多企业和社会机构的加入，不断为大学生社会实践搭建更宽阔的平台，进一步提升大学生思政实践能力。

高校思想政治共享社区教学模式凭借资源共享、合作共赢、互动交流以及能力提升四大特点，为高校思想政治教育提供丰富、优质、高效的服务，实现了高校之间，高校与政府、企业、社会之间的资源共享，提升了思想政治教育的质量和效率。

第二节 新媒体环境下高校思想政治共享社区教学模式的优势

一、共享社区教学模式在高校思想政治理论课中应用的必要性

（一）运用社区教育资源符合教育社会化发展趋势

社区作为学生与社会之间的桥梁，是学生个人社会化进程中的主要场所，它为学生提供了社会化的物质、精神、活动和组织环境。社区环境能够加强或削弱学生在学校所接受思想政治教育的效果，并对学生的价值观和行为模式的社会化产生重要影响。

教育社会化是指通过各种途径和方式将主流价值、主流舆论、主流文化融入学校教育活动，旨在培养符合社会发展需求的人才。在思想政治教育社会化大背景下，社区共享教学模式将最大化利用教育资源，顺应了教育社会化程度不断加深的趋势。在思政课实践教学中，深入利用社区教育资源是符合社会发展的有效教学方法。

此外，对社区教育资源的利用符合教育数字化发展趋势，教育数字化正在以巨大的影响力深刻地改变着教育的方式。数字化的社区教育资源在社交媒体（如校园公众号等平台）传播，学生通过数字渠道参与教育活动，打破了时间和空间的限制，促进了学生之间的互动与交流。这种数字化的教育方式不仅帮助学生适应不同的地域、文化背景、年龄阶段和学习风格，还提高了学生的思想政治素质和社会责任感。

同时，社区教育资源的利用也符合终身学习的趋势。社区教育资源覆盖广泛，涉及不同企业、社会机构等，通过整合和利用社区内的各种教育资源，并根据学生专业特点灵活调整实践形式和内容，可满足不同专业学生的学习需求，营造终身学习的社会氛围。

（二）达成思政实践目标需综合运用社区教育资源

社区教育资源在高校思政实践教学中的作用至关重要，其应用不仅促进学生深入理解和掌握课堂教学内容，更有助于提升学生的综合素质，促进学生的全面发展。

社区教育资源的运用主要包括开发、利用和管理三个方面。首先，社区教育资源开发需要依托高校密集的智力资源，研究社区情况，并根据不同思想政治理论课实践教学的要求，开发适配的教学资源，确保资源的有效性。其次，在资源利用方面，应充分发挥社区教育资源的载体作用，可以从历史文化、传统节日等方面深入挖掘，以提升教育资源的利用质量。最后，要对优质教育资源进行分类整理，以提高资源利用效率并实现有效管理。

相较于传统被动接受知识的课堂模式，利用社区教育资源的课堂更能激发学生的学习热情和主动性，同时有助于培养学生的创造性思维和实践能力，从而更好地实现思想政治理论课实践教学的育人目标。

（三）共享社区教育资源有助于深化思政实践教学

社区教育资源与思想政治理论课实践教学内容紧密相连，教学内容源于教材，而教材内容又源于社会实践，实践不仅是理论的来源，更是深化理论的重要途径。因此，利用社区教育资源进行思想政治理论课实践教学是让思想政治教育回归本源并发挥其潜移默化的作用，使思政课能够真正入脑入心。

受到安全、经费等多方面因素影响，传统思想政治理论课教学普遍存在“重理论而轻实践”的现象，教师大多带领学生“读万卷书”做理论积淀，却缺乏“行万里路”的实践理解，这种传统教育模式最大的弊端就是理论与实践脱节。思政课的本质是讲道理，但思政课绝不是只坐在书斋里面讲道理，要想回答“世界怎么了，我们怎么办？”这些整个世界都在思考的“世界之问”，就必须走出教室，走进田野、走进乡村、走进企业、走进社区，将理论与实际相结合，了解世情、国情、党情、民情，让学生切身感受在中国共产党领导下我国发生的翻天覆地的变化，去深入学习党史、新中国史、改革开放史、社会主义发展史和中华民族发展史，进而深刻体会中国共产党为什么“能”、中国特色社会主义为什么“好”以及马克思主义为什么“行”。为此，教师应摒弃传统的“教教材”思维，立足学情分析，结合社会热点，挖掘适合的教学案例来丰富思想政治理论课实践教学内容。社区提供了鲜活的时代素材，可用于拓展思政实践教学内容。在高校思想政治理论课教学中，将学生熟悉的社区要素融入，结合当地生动具体的事例，有助于充实和拓展课程内容，使教学内容更有说服力、课堂氛围更有感染力。此外，学校可组织学生去实践基地（如当地红色文化遗址）进行实地参观，学生通过沉浸式的真看、真感、真实践，亲身感受民族英雄的奋斗精神，比单纯的理论讲解更能震撼人心，更能收获好的教育效果。例如，在《习近平新时代中国特色社会主义思想概论》课程教学中，可以组织学生重走习近平总书记在党的十八大以来四次考察调研山西的路线，到习近平总书记去过的乡镇、农村、街道、社区、企业等进行实地调研学习和理论宣讲，深刻体会习近平新时代中国特色社会主义思想的理论魅力和实践伟力，这比抽象单调的课堂宣讲更能让学生产生直观的震撼和思想的认同，达到更好的教育效果。

社区教育资源涵盖文化、道德、历史、法律等多方面内容，如社区文化展示、地方文化风俗、文物古迹、杰出人物事迹、自然风光和人文精神等，这些都为教师提供了生动的教学实践素材。

二、共享社区教学模式与高校思想政治理论课的有机统一

（一）主体共通：高校师生与社区间拥有实质性交往关系

在当前时代背景下，高校与社区之间的关系已经逐步脱离了传统的制度化、组织化与政治化框架，展现出一种更为灵活、深入且持久的交往模式，这种新模式显著区别于过去学校教育与社会生活之间简单的互动，具有更为广泛的实质性交往特点。这种实质性的交往为高校思想政治理论课实践教学提供了丰富的资源和施展空间，有助于弥补高校教育资源和空间的不足，进而有助于促进学生的全面发展。

人们的生活与社会紧密相连，作为社区成员的高校师生、企业员工、政府和社会机构工作人员等，他们的个人价值观、生活方式和集体行为

都会受到社区精神、物质环境，工作文化以及组织规范的影响。通过举办多样化的共享社区思政实践活动，他们之间的互动得到了加强，这不仅拓宽了共享社区的教育覆盖面，也让大学生更加深入地感受到社区的独特气质和精神风貌，形成了具有社区特色的个人价值观、生活方式和集体行为。

（二）空间共存：思政实践教学对象寄生于社区活动场域

社区既是思想政治教育的“场域”，又是思政教育的“大课堂”。根据社会空间理论，思想政治理论课实践教学指的是思想政治理论课实践教学主体在一定的空间场域内，以特定的社会准则为标准，运用相应数量的资源要素，对思想政治理论课实践教学对象进行持续的习惯和价值观培养，使其理解、掌握和运用场域内的各种资源，从而形成符合社会要求的个体习惯和主流价值观。社区作为居民生活和受教育的基本空间，给予社区成员充足的包括物质资源、人力资源和文化资源在内的各类保障。① 在社区活动场域内，思想政治理论课实践教学对象既能享受到社区所提供的服务，还拥有充分的表达权、集会权、政治参与权等，同时，社区空间还是思想政治理论课实践教学对象开展实践的重要场所。② 学校属于社区的一部分，全校教师和学生也是社区的重要成员，高校思想政治理论课实践教学对象与社区居民共同在社区公共空间内开展学习、工作、生活，共同生存在社区活动场域。

（三）效益共享：思政实践教学与社区教育资源相互增益

思想政治理论课实践教学与社区教育资源效益共享，主要体现在以下三个层面。

首先，高校思想政治理论课实践教学需求是推动社区教育资源开发和整合的重要动力。为确保思想政治理论课实践教学的顺利进行，高校需深入挖掘社区教育资源的内在价值，寻找与思想政治理论课实践教学

① 韩传信，詹万生．试论学校与社区和谐互动德育机制的建立[J]. 教育研究，2009,30(08): 108-111.

② 戴锐，揭春兰．思想政治教育视域中公共空间的教育价值及其实现[J]. 理论与改革，2013,(06): 140-142.

内容的契合点,进而促进社区教育资源的有效开发与整合。

其次,社区教育资源的优化有利于提升高校思想政治理论课实践教学效果。为满足实践教学在环境、设备等方面的需求,社区教育资源也在不断进行优化和升级,为高校思想政治理论课实践教学提供更加丰富和优质的硬件与软件支持。

最后,高校思想政治理论课实践教学效果对社区教育资源建设产生积极的影响。社区教育资源与高校思想政治理论课实践教学之间的互动将不断促进资源优化。

三、共享社区教学模式在高校思想政治理论课上的运用价值

(一)有利于提升思政实践教学的问题针对性

高校思政共享社区教学模式对提升高校思想政治理论课实践教学的针对性具有重要意义。教师可以对共享社区内的教育资源进行整理、分类,提炼出具有教学价值的思想政治理论课实践教学素材,并将其一一对应不同的课程与专题。教师在解决学生困惑时,如果能根据学生的实际问题从社会实践教学资源中选取合适的素材或案例来进行有针对性的讲解和回答,则能给学生带来更有触动的感受,不仅能引导学生深入探究问题的根源,还能启发他们寻找解决问题的方法。例如,在探讨“建设和谐社会”这一问题时,教师可以组织学生实地考察与和谐社会主题相关的事物,以此帮助学生更加直观地理解和谐社会的内涵与意义。

在思想政治理论课实践教学中,教师应依据不同年级大学生的认知发展程度和心理特点创设问题情境,引导学生提出问题、分析问题、解决问题,从而培养他们的思维能力和自主学习习惯,让学生带着问题深入社会,再带着答案返回课堂,推进思政课的入脑入心。同时,社区教育资源的运用也能帮助学生更好地了解国家和社会发展中存在的问题及其成因,提升他们对政策制度和社会治理的认识。因此,在高校思想政治理论课教学中引入共享社区教学模式是对构建真实教学空间的一种积极探索和尝试,通过充分利用社区教育资源,教师可以更加有针对性地开展思想政治理论课实践教学,提高教学效果,培养学生的综合素质

和社会责任感。

然而，当前高校思想政治理论课实践教学中还存在一些亟待解决的问题。首先，本土教育资源调动难度大，呈现整体不足的现状。一些高校思想政治理论课实践教学经典案例陈旧，缺乏本土化和特色化的教育资源，不能满足新媒体环境下大学生对教学内容与时俱进的现实要求。其次，实践教学缺乏真情实感，难以打动学生。部分教师在教学实践过程中照本宣科，说教痕迹重，只注重讲大道理而忽视了以情感人、以心化人，导致学生难以融入实践教学，无法激起他们的情感共鸣和同理心，无法引发他们对实践基地背后故事的探究欲望，很难达到真学、真懂、真信、真用的效果。最后，部分教师在实践教学中不能有效控制整个教学过程，无法做好问题的引入、现象的分析等，导致实践教学偏离了以学生为核心的原则，无法实现理想的教学效果。

（二）有利于增强思政实践教学的情境真实性

共享社区在增强思想政治理论课实践教学的情境真实性方面扮演着重要角色。当前，部分高校在思想政治理论课上仍然沿用传统的大班授课，这种模式保证了教材与教学内容的时代性和普遍性，却忽视了与学生个性化需求和日常生活经验的结合。因此，这种教学模式往往难以引起学生共鸣，导致教学效果不佳。该如何让不同年级、不同学情、不同专业的学生在思政课上真正做到学理、哲理和道理的内化于心，外化于行？

笔者认为，高校思想政治理论课应更多和社区共享平台中的实践教学实例相结合，将社区教育资源引入思想政治理论课实践教学，不仅可以丰富教学内容，还能有效提升学生的学习参与度。

教育不是单纯的教师指导，其更是学生的经验、体会和领悟的累积过程，与真实生活紧密相关。因此，在思想政治理论课实践教学中创设与社区教育资源紧密相关的问题情境是至关重要的，这符合思想政治理论课实践教学的要求，有助于增强实践教学的情境真实性，有利于学生的深入理解。同时，教师应根据学生的实际情况和专业情况，灵活调整和优化教学问题，以充分激发学生的探究欲望。

社区实践教学作为大学生的校外“第二课堂”，为学生提供了丰富的实地学习资源。通过在实践基地体验真实情境，不仅可以增强学生的情感体验，还能帮助他们更好地理解和应用课堂上所学到的知识。这种情境化的教学方式有助于提升学生的实践能力和创新思维，实现教学目标的有效达成。

（三）有利于提高思政实践教学的效益综合性

高校思想政治共享社区教学模式对于提升思想政治理论课实践教学的综合效益具有显著作用。高校应当深入发掘社区教育资源，以弥补现有教学资源的不足，这些教学案例源于本地，更易引起学生的情感共鸣和认知共享，从而使教学互动更具针对性和日常性，同时也能有效提高思政教学的说服力、感染力和亲和力。探索社区教育资源不仅有助于加深学生对思想政治教育内容的认识和理解，也有助于推动当地特色文化和经济社会的协调发展。

共享社区教育资源能够丰富和充实思想政治理论课教学内容，这与思想政治理论课的要求高度契合。思政课作为高校开展思想政治教育的主渠道和主阵地，肩负着培养社会主义建设者和接班人的时代使命，是落实立德树人根本任务的关键课程。思政课的本质是讲道理，但也要注重方式方法，要能把道理讲到学生的心里，并且让学生自觉地接受和认同。因此，要结合不同学段、不同专业的学生特点，探索更多贴近生活的实践教学路径，把思政课的内容落到实处，让学生都爱学、学懂、学会，引导学生感悟党的创新理论的实践伟力，把人生抱负落实到脚踏实地的实际行动中。

以社会为导向的高校思想政治共享社区教学模式旨在促进学生对思想政治教育理论知识的理解，培养他们的社会观察、分析和交往能力，这一模式体现了杜威“教育即生活”“学校即社会”“从做中学”的教育思想。杜威认为，学校的教育应与现实生活紧密相连，教师应指导学生自主构建知识和获得生存能力。

我国思想政治教育始终坚持“知行合一”“内外兼修”的理念，然而，目前高校依然存在传统思想政治理论课的灌输式教学模式，学生在灌输下虽然在一定程度上掌握了教学内容，并构建起了相应的知识体系和逻辑框架，但如何将这些知识内化于心并转化为行动，仍是思想政治理论课面临的重要挑战。因此，在高校思想政治实践教学过程中应注重教学方法的“示范性”，运用共享社区教学模式时，要强调知识与行动的紧密结合，以实现高校思想政治教育理论性与实践性相统一、灌输性与启发性相统一、显性教育与隐性教育相统一。理论与实际相结合方能激起思想政治教育的蓬勃活力，彰显出思想政治教育的聚合效应，开创思想政治教育的全新局面。学生应当学会在社会实践中运用知识，培养创新精神。高校大学生要在思想政治理论课上通过亲身实践和不断探索来获取相关知识，实现对课程内容的深刻掌握，实现知、情、意、行的统一。

第三节　新媒体环境下高校思想政治共享社区教学模式的运行策略

基于高校思想政治共享社区教学模式的优势，思政课不应当只在课堂上讲，还应该到社会中讲，思想政治理论课教师应当在“大思政课”理念下充分挖掘社区教育资源，带领学生走进社区，引领学生在实践中学习和成长。基于高校思想政治理论课的课程目标，本节从联动机制、实践方案、资源服务和考核体系四个方面针对性提出社区教育资源在高校思想政治理论课实践教学中的运用策略，以进一步提高思想政治理论课教学效果，促进思想政治理论课实践教学育人目标的达成。

一、建立常态化高校—社区联动机制

（一）政府统筹管理共享社区教育资源

目前，各级政府在统筹管理社区教育资源方面主要依赖各相关职能部门的独立运作，缺乏协同效应，因此，建议政府从宏观层面进行整体布局和规划，明确在学校与社区联动机制中的职能定位，并充分发挥自身主导作用。

首先，应设立专门的共享社区教育资源统筹机构，负责研究制定社区教育的发展规划和政策法规，同时协调政府各相关部门对共享社区思

想政治教育加以支持与指导,依托高校智力资源来搭建政策指导机构。

其次,构建合理的共享社区教育资源经费保障机制。将共享社区教育资源经费纳入财政预算,并逐年递增,同时通过税收优惠等措施鼓励企业、事业单位、社会团体及个人参与捐资助学和捐资助教,并为共享社区教育资源设立专项资金。

再次,在高校与社区之间搭建双向交流机制。此机制不仅有助于解决共享社区师资力量的短缺问题,还能促进高校教师的交流学习,并增进社区与高校之间的相互理解与信任。

此外,政府还需加大统筹力度,形成教育合力,通过多种方式将共享社区内相关机构、组织、团体及个人的力量整合起来,发挥整体优势,推动共享社区思想政治教育资源在高校思想政治理论课及思政实践教学中的有效运用。

最后,要建立完善的共享社区思想政治教育资源评估体系,采用科学合理的评估标准对共享社区内思想政治教育资源进行全面评估。这将使政府统筹共享社区思想政治教育资源的工作更加制度化、规范化和科学化。通过政府的整合与规划,可以有效推动社会各界与高校之间的联动,增进彼此之间的了解,从而为建立长期稳定的高校—社区联动机制提供政策支持和制度保障。

(二)高校参与共享社区教育资源规划

高校应利用自身人才优势参与共享社区教育资源的规划。对共享社区教育资源进行开发与整合既能提升共享社区教育资源的服务功能,同时也能丰富高校思想政治理论课实践教学资源。可以从以下两个方面提升高校参与共享社区思想政治教育资源规划的力度。

一是社区层面。共享社区可组建专项小组对接高校,了解高校思想政治教育理论课实践教学需求,并与高校教师一同探讨共享社区内部思想政治教育资源融入高校思想政治理论课实践教学的现状与发展趋势,合力解决共享社区思想政治教育资源建设与高校思想政治理论课实践教学需求相匹配的问题和困难。共享社会内部各机构,组织可将各自情况和存在的困难告知高校,主动与高校联系并取得及时反馈,建立双方的咨询机制和互动关系。

二是学校层面。高校要增强思想政治理论课教育资源开发意识,主动参与共享社区教育资源规划，组织教师通过深入共享社区各企业、机构组织进行实地调研，全面掌握共享社区内思想政治教育资源情况，在调查研究的基础上提出对共享社区思想政治教育资源的利用建议，主动参与共享社区内思想政治教育资源的开发，并检验共享社区思想政治教育资源建设的成效；鼓励教师主动与相关组织负责人联系，以获得对共享社区思想政治教育资源进行管理的支持；组织学生到思想政治教育理论课实践教育基地参与实践活动，让他们在实践的过程中了解民情社情国情，感悟国家发展成就。

（三）共建共享社区思政实践教学平台

共享社区思想政治理论课实践教学平台作为一个社会化、开放式的思政实践教学场所，由高校与社会携手共建。双方遵循“共建、共享”的原则，充分发挥各自优势，共同致力于构建优质的思政实践教学环境和育人氛围。对于高校而言，共享社区平台成为不可或缺的思政实践教学资源宝库，为高校的教育教学活动提供了丰富的素材和实践机会，成为推动高校教育创新的有力支持。在这一平台上，高校得以深入挖掘社区内的丰富教育资源，与社区内各企业、机构、组织和专业人士展开广泛而深入的合作与交流。此外，为实现共建共享的目标，高校与社区可以采取多种合作方式，例如联合成立思政教学实验室等，为学生提供实地学习和实践的机会，同时也促进大学生与社区居民的沟通交流。

此外，高校和社区还可以共同策划和组织各类活动，如知识竞赛、专题讲座等，拓宽大学生的视野；可以联手开展各类实践项目，如志愿服务等，使大学生在实践中增强对社会的了解，并从中认识到自己的不足，增强他们的社会意识，培养其社会技能。

值得一提的是，高校大学生在共享社区思政实践基地的各项活动，有效活跃了社区交往，进而对和谐邻里关系的建立和发展起到了显著的推动作用。这种良好的社区交往关系不仅有助于提升社区的共治共建水平，同时也为高校与社区之间的深度合作奠定了坚实的基础。通过双方的共同努力和资源共享，共享社区思政实践教学平台必将为培养高素质人才和促进社区和谐发展做出更加积极的贡献。

二、科学制定共享社区教学实践方案

（一）根据教学目标选择教育资源

在组织实施思想政治理论课实践教学活动时，为确保教学目标的达成，教师应认真选取与思想政治理论课实践教学目标相契合的社区教育资源。不同的思想政治理论课实践教学目标要求教师在选择资源时有明确的针对性，若教学目标侧重加深学生对历史文化的感悟，则宜选择蕴含丰富历史文化内涵的社区教育资源；若教学目标着重培养学生的团队合作精神，则应选取能够促进学生间协作与互动的社区教育资源；若教学目标侧重提升学生的动手能力，则需选择能为学生提供实践机会的社区教育资源。总之，教师应根据具体的思政实践教学目标合理选择并充分利用社区教育资源，以确保思想政治理论课实践教学活动的有效性与针对性。

（二）根据学生特点选择交往资源

正值青春的高校大学生内心深度渴望被尊重，在追求独立个性的社会思潮影响下，多数大学生对于来自家长和教师等“权威”人士的说教非常抵触，认为这是不尊重他们的表现。因此，在这个特殊的成长关键阶段，教师需要根据这一学情合理选择共享社区内的交往资源，扩展与大学生进行交流的人群，尝试多维度的交往式教育方法，避免在教学过程中催生抵触心理。共享社区内交往资源丰富，大学生能接触到各种各样的人，不仅能与不同阶层、不同年龄段人员进行交流，还可以通过参加社区活动了解“象牙塔”外人们的生活状态、社区居民的基本素质，从不同角度增加对世情、国情的了解，提升思想政治教育教学实效。

同时，大学生亦能通过社区居民间的互动汲取更多的社会知识，这对于他们的健康成长至关重要。因此，教师在思政实践教学中需要深入了解学生特点，精选或创设适宜的社区交往环境、以提升教学效果。在教学过程中，教师应积极整合各类社区交往资源，将思想政治教育自然地融入日常教学。例如，在《思想道德与法治》的人生观章节中可布置课前作业，让学生思考“人生的意义是什么？”“默默无闻的人，他们的生命是否同样精彩？”等问题。在学生思考过后，向其展示课前对社区普通人员（如邻居、门卫和基层员工等）的采访，引导学生小组探讨“什么样的人生是有意义的？”等问题。学生在真实人际环境下真听、真看、真接触后进行的思考，要比只从课堂上和书本上得到的感受更加深刻。鉴于此，高校应充分利用社区交往资源，鼓励学生积极参与社会实践活动，可对认真参与实践教学的学生予以平时成绩的积分奖励，通过多种方式确保思想政治教育与社会生活的紧密结合，从而全面提升学生的综合素养。

（三）根据课程内容匹配活动资源

共享社区思想政治教育资源根植于大学生日常生活的社区环境，它以直观的方式将鲜活的社会现象呈现给学生，既保持了情境的真实性，又能有效吸引学生的关注。此外，社区更是活动资源的宝库，这些资源涵盖了体育竞赛、文艺演出、节庆活动、主题演讲、红色文化学习等多种形式，为高校思想政治教育现场实践教学提供了得天独厚的条件，这种多元化的教学环境打破了传统课堂的空间局限，有助于提升教学效果。鉴于此，教师要对教学内容有深入的理解和掌握，应明确课程目标、教学重点与难点，想好如何将相关知识点与社区教育资源进行有效匹配，在此基础上根据教学实际需求精心挑选具有针对性的社区思政实践教学资源。特别是针对那些教学重难点内容，教师可以通过社区案例来帮助学生理解，并通过社区活动为学生提供实践的机会。这样的教学模式不仅丰富了教学手段，也促进了学生对知识的理解和应用。

（四）根据教学需求选择场地资源

在推进思想政治理论课实践教学的过程中，必须根据具体教学要求有针对性地选择和配置社区场地资源。这些资源包括但不限于红色文化遗址、历史文化遗址、图书馆、博物馆、文化馆、体育馆、植物园、体育场以及高校大学生活动中心等。此外，学校周边的超市、快餐店、网吧等社区配套设施也应纳入考虑范围。在策划和组织思想政治理论课实践教学活动时，教师应紧密结合课程内容，精心挑选合适的场地，以帮助学生完成富有成效的社区实践。

三、共享社区资源服务思政实践教学

（一）搭建高校－社区思想政治教育云平台

在共享社区教学模式下搭建高校—社区思想政治教育云平台，有助于实现思想政治理论课实践资源的网络化，让高校思政实践教学随时在线。社区负责提供丰富的思政教育实践素材，包括文物、历史遗迹、英雄遗物、历史资料、文献、照片等。

高校要对收集的思政教育素材和案例根据内容和类型进行细致整理与科学分类，形成具有针对性的教学案例资源库，可分为“社会主义核心价值观”“三观”“信仰信念”“爱国主义”“乡村振兴”“地方红色文化”等专题，这些案例在共享社区思想政治教育云平台上进行展示，供学生在线学习。此外，平台设有评论功能，旨在增强互动和学习交流效果，学生对平台上的实践教学内容有疑惑可在线提问，并能得到教育资源所归属机构组织或教师的及时回应，同时，共享社区内有专人负责平台讨论，为学生与社区居民提供互动空间。这有助于学生从不同角度加深对问题的了解，提高学生看待和分析问题的全面性，促进高校、大学生和社区之间的交流与合作。

政府部门则从顶层设计的角度出发，在宏观层面进行统筹规划，确保资源共享，形成强大的教育合力。政府组织和邀请相关专家加强对高校思政实践教学的指导，及时统筹解决云平台运行和维护过程中出现的结构性问题，并建立相应的工作机制，包括管理办法、质量评价制度以及运行和维护机制等，以确保云平台的稳定运行和持续发展。

（二）建设有数字化教学能力的社区型教师队伍

讲好思政课，关键在教师。在高校思想政治教育中，思政课教师责任重大，不仅要有牢固的专业基础，还要有“真懂、真信、真用”的理论自觉，他们不仅是开展思想政治教育的核心力量，同时还承担着在共享社区范围内推广思政实践教学数字资源服务的责任。

数字化教学能力是指教师利用数字化技术设计、开发、实施和评价教学活动的能力，其核心是信息化教学设计能力和信息素养。① 为了切实提升高校思想政治理论课实践教学质量，高校需要打造一支具备数字化教学能力的“社区型”教师队伍，必须树立数字化时代的新教师观、大教育观、全程观、全民共享观，坚持为党育人、为国育才，推动实现教学相长和师生共同成长，将全面推进数字化改革的时代要求转化为教师成长的内生动力。

首先，构建一支数量充足、素质卓越、结构合理的思想政治理论课教师队伍至关重要，这是确保共享社区思政实践教学活动能够顺利利用数字资源开展服务的重要基石。

其次，要开展教师数字化教学能力提升培训，并为此提供必要的经费保障。开设“互联网＋课堂”、信息技术与教育深度融合、信息化教学设计等课程，通过培训学习和交流研讨，帮助教师更新教育理念和手段，夯实专业基础，提高数字化教学能力。

最后，要鼓励教师自主学习与创新。“社区型”教师队伍成员包括共享社区内政府部门、企业机构、社会团体组织工作人员和社区居民等，但高校教师是主力。要鼓励和引导教师自觉利用信息技术对教学过程进行优化和重组，提升数字化思维、数字化应用和数字化创新能力。高校应建立一套科学有效的学习管理机制和完善合理的激励机制，以鼓励思想政治理论课教师积极参与共享社区思政实践教学数字化资源服务工作，充分发挥他们的专业能力和创新能力。

（三）利用共享社区培养学生利用数字资源学习的能力

依托信息技术和数字化教学资源，培养大学生的自主学习能力，对于提高学习效果、提升教学质量具有重要的现实意义。高校应积极引导大学生利用共享社区思政实践教学数字资源进行学习，帮助学生提升利用数字化资源进行学习的能力。

第一，指导学生建立学习共同体。高校可以建立师生之间或学生之间的学习共同体，实现教学相长，教师指导学生养成协作、互动、分享的学习习惯，培养学生的团队意识和协作精神。

① 葛文双，韩锡斌．数字时代教师教学能力的标准框架[J].现代远程教育研究，2017,(01):59-67.

第二，鼓励学生充分利用共享社区思政实践教学数字资源进行自主学习。高校应鼓励大学生根据自己的兴趣和需要来选择相应课程专题进行拓展自主学习，引导大学生通过云平台获得更多教育资源，并鼓励大学生在获取信息的基础上结合小组讨论、数据分析等方式，开展探究式学习。

四、完善共享社区思政教学考核评价体系

（一）将共享社区实践纳入思政教学评价体系

思政课是高校对大学生进行思想政治教育的主要渠道，思政课的评价考核一方面是其教育教学众多环节中的重要一环，另一方面也是检验其立德树人教学成果的关键一步。

传统考核评价一般包括平时表现、考试成绩两个方面，往往流于表面、过于机械，忽视了对学生思维能力和综合素质的考量，因此，要优化思政课评价体系，注重实践教学，将实践教学纳入思想政治理论课教学评价体系。在高校思想政治共享社区教学模式下，要将共享社区实践教学情况纳入高校思政课教学评价体系，根据实践教学考核标准进行学分认定，使思政课的教学成果评价从单一的平时表现和考试成绩为主转向多元化的综合考核。借助高校—社区思想政治教育云平台、超星学习通APP等新媒体平台，通过实践记录、在线测试等形式，运用人工智能、大数据、云计算等技术手段，可以实现对开展实践教学情况的精准统计，打造多元化的考评方式。

一方面，将大学生参与共享社区实践教学纳入评价体系，可从制度上对实践教学环节进行监管，对学生参与实践教学情况进行全过程、动态性和综合性的评价，鼓励学生以诸如社会调查、理论宣讲、情景展演、活动策划、讨论研究等多种方式进行实践成果展示。另一方面，评价体系也会倒逼学生改变学习方式，不再满足只是死记硬背教材内容，而是真正在做中学、在学中悟、不断在实践中践行理论知识，从而做到将知识内化于心、外化于行。学生在实践教学中收获的感悟和热情也将会不断激起他们对学习思政课的兴趣，进而形成正向学习循环。

(二)开展“教师—社区人员—学生”多主体评价

传统思政课评价主体是教师,教师根据学生本学期综合表现及考试成绩对学生进行总体评价。这种评价方式忽视了学生的参与,一方面容易造成学生积极性的降低,另一方面评价结果容易受到教师主观情绪影响而有所偏颇。

鉴于此,应当建立以学生为主体的思政课考核评价体系,帮助学生在自省、自察中意识到自己在学习和实践中存在的问题和不足,以明确未来发展方向和学习目标,调动学生的学习积极性,激发学生的内在驱动力。此外,以学生为主体的考核评价体系还能帮助学生培养自我评价意识,在自我批评的过程中,完成自我教育。

“教师—社区人员—学生”多主体评价是指在高校思想政治共享社区实践教学中,教师、社区相关工作人员、同学、学生本人都参与实践课程评价。在多主体交互评价中,学生对实践课程中自己的表现进行评价,其考察更加立体全面,打分更加客观公允。将社区人员、同学纳入考核评价主体,是要从不同侧面对学生在实践教学中的表现进行立体评价,将学生自评、同学互评、社区工作人员和教师评价综合在一起,通过运用人工智能、大数据分析等信息处理技术,得出一个更加接近客观实际的多维度评价结果。

具体而言,评价内容可以包括以下几个方面:首先是知识层面的评价,即对学生基本知识的掌握程度进行量化打分,这部分由教师记录,该部分占总体评价分值的50%;其次是学生参加思政实践教学的情况,这一环节由教师和社区工作人员共同记录,该部分占总体评价分值的20%;第三是学生自我评价,即学生对自己在思政实践教学中的表现进行自我反思和评估,这部分占总体评价分值的10%;最后是他评,即其他学生根据实践教学评估量表对同学的实践教学活动情况进行打分,该部分占总体评价分值的20%。这种评价方式既有助于教师全面了解学生的学习情况,又能帮助学生进行自我认识、自我提升,同时,这种评价方式还能培养学生自我评价、自我教育和自我服务能力。

在实施上述评价方式时,学生的自我评价主要通过自我记录、自我反思等方式进行,因为有社区工作人员和同学们的监督,所以这种评价方式较为公正、全面,能够比较真实地反映学生在实践教学过程中的行为表现，而这一表现体现了思想政治教育学科对学生的核心要求。

共享社区工作人员应积极发挥引导、监督和管理作用，并与思想政治理论课教师共同参与实践课程的考核评价工作。例如，由企业、社会机构组织工作人员对学生的表现评分，实践结束后将学生的实践报告提交给思想政治理论课教师。这些措施有助于调动各方主体的积极性和创造性，共同推动高校思政实践教学的深入发展。

（三）充分发挥思政实践教学的考评导向作用

为了充分发挥思想政治理论课实践教学考核评价体系的综合效用，引导学生真正重视思想政治理论课实践教学环节，高校应将评价结果纳入思想政治理论课成绩，与学生综合素质测评及相关学校评奖推优工作挂钩，加强考评导向作用。

要推动以评促学、以评促践，思政实践教学的考评导向作用体现了思政实践教学在高校思想政治教育中的重要地位，这对学生学习思想政治理论课提出了更高要求，强调功在平时，不仅要注重理论知识的掌握，还要切实在实践教学中增长见识、坚定信念，加深对社会的了解，提高对奉献的认同，使学到的知识通过实践真正入脑入心并落实到行动上，做到知行合一、以知促行、以行求知，切实提升高校思想政治教育的效果。

第十章 新媒体时代高校思想政治矩阵教育模式研究

高校思想政治教育新媒体矩阵的构建是在对各类新媒体功能进行全面评估和系统把控的基础之上进行的，意在通过构建科学的模型，实现各类新媒体有序整合以及有针对性的应用，进而形成一个结构合理、稳定可靠、功能全面的新媒体矩阵。本章基于矩阵与新媒体矩阵的基本内涵，探讨高校思想政治矩阵教育模式的应用优势与策略，期望新媒体矩阵能够为高校学生提供及时、准确、有针对性的思想政治教育信息。

第一节 矩阵及新媒体矩阵

一、矩阵

矩阵这一数学概念在多个学科领域和社会范围内应用广泛,其内涵丰富且多样。在数学领域,矩阵被视作一种重要的工具,由复数或实数按照长方阵列排列而成,广泛应用于线性代数、微积分、概率论等多个数学分支。此外,矩阵还在物理、计算机科学等领域扮演着关键角色,其重要性显而易见。

然而,矩阵的应用和含义并不仅限于数学及相关领域。随着矩阵概念在商业营销、管理、网络等领域的广泛应用,其含义也在不断地演变与扩展。在商业营销中,矩阵被用于描述消费者的购买行为和习惯,通过分析矩阵,企业能够深入了解消费者的需求,从而制定更为精准的营销策略。在管理领域,矩阵则用于揭示和分析各种因素之间的关系和影响,帮助企业或组织更好地理解和管理复杂环境。在网络领域,矩阵被用于描述和分析网络的结构和性能,为网络优化提供有力支持。

Matrix 一词在英语中具有多种含义,包括矩阵、社会环境、政治局势、线路图、道路网等,这些含义共同展示了矩阵的多样性和丰富性。总的来说,矩阵作为一种重要的数学概念,其应用和含义在各个学科领域和整个社会范围内都呈现出丰富多样的特点,可以将其理解为事物之间相互联系和相互作用所形成的环境。随着矩阵概念的不断发展及其应用领域的持续扩展,其内涵也将继续得到深化和拓展。

二、新媒体矩阵

(一)新媒体矩阵的定义

习近平总书记在 2016 年 12 月主持召开的全国高校思想政治工作

会议中明确指出，要运用新媒体新技术使工作活起来，推动思想政治工作传统优势同信息技术高度融合，增强时代感和吸引力。针对多样化的平台和青年社群特性，要制定专项教育方案，并构建目标明确的新媒体矩阵。

新媒体矩阵（见图 10-1）是依托互联网数字技术，由若干新媒体载体构成的动态媒介系统集合，具备系统性、同一性、动态性、自由组合和立体性等基本特征。它能有效实现思想引导、内容制造、主流传播、文化演绎和舆情监控等核心功能，各组成部分相互支撑、补充和验证。这一概念的提出，标志着我国高校思想政治工作从传统教育模式向利用新媒体矩阵的创新模式之转变。

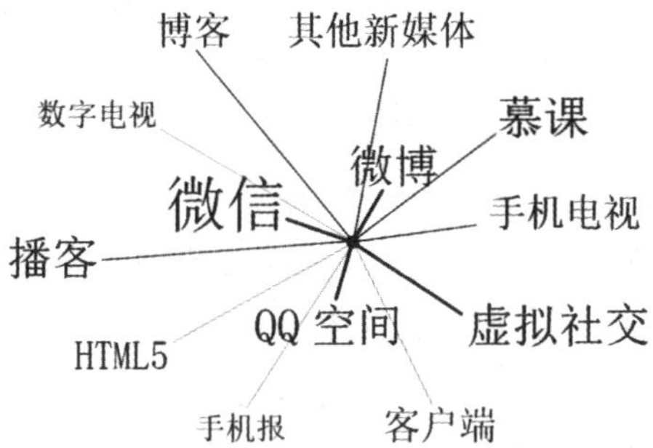

图 10-1　新媒体矩阵

新媒体矩阵涵盖了各类新媒体载体，如微信公众号、微博、抖音、哔哩哔哩等，它们不仅具备传播信息、引导舆论和提供娱乐等功能，更在引导青年学生正确认识世界、增强社会主义道路自信和文化自信方面发挥着重要作用。新媒体矩阵的动态性使其能够实时关注社会热点及青年学生的思想动态，为高校思想政治工作提供及时、准确和全面的信息支持。

新媒体矩阵的立体性体现在通过各类新媒体载体实现对青年学生的全方位、多层次教育。例如，微信公众号通过推送高质量文章和组织线上活动，引导学生关注社会问题并提高思辨能力；微博通过转发权威信息和发布原创内容，引导学生正确认识国家政策并增强国家认同感；抖音则通过推送短视频和组织线上活动，引导学生增强文化自信并提高审美素养。

新媒体矩阵的同一性表现在其能够实现思想引导、内容制造、主流传播、文化演绎和舆情监控等主导功能的统一。这一特性使新媒体矩阵在高校思想政治工作中能够确保信息的集中、统一和有序传播，避免信息碎片化和无序化，从而提高思想政治教育的针对性和实效性。

此外，新媒体矩阵的自由组合性使其能够根据不同平台和青年社群的特点制定有针对性的教育方案。例如，微信公众号可推送具有思想引导作用的文章；抖音可推送具有文化演绎作用的内容。

新媒体矩阵作为一种前沿的教育传播模式，其核心特质在于其动态系统的构建，这并非简单的数字组合，而是由多元化新媒体元素构成的复杂网络。这一网络中，各元素随教育主体、客体及环境的变迁而相应调整，形成一种围绕教育目标的动态均衡。新媒体矩阵不仅展现了独立矩阵的功能性，更凸显了其整合各类新媒体平台的能力，实现了空间维度的互补效应。

首先，新媒体矩阵的灵活适应性体现在对教育主体、客体及环境的快速响应上。教育环境的动态变化要求新媒体矩阵具备高度适应性，确保其传播效果与受众需求相匹配。通过自我调整，新媒体矩阵能够维持与教育各要素的动态平衡，提升教育传播的有效性。

其次，新媒体矩阵通过整合各类新媒体平台，如微信、微博等，充分发挥各自优势，实现空间与时间的互补。这种整合不仅丰富了传播内容，更提升了传播效果，实现了单一平台无法达成的功能，从而最大化教育效益。

最后，新媒体矩阵通过联动各新媒体元素，实现功能的互补与提升。这种联动机制不仅增强了传播效果，更提升了新媒体矩阵的整体传播力，使其在教育传播中扮演更为重要的角色。

（二）新媒体矩阵的特点

高校网络思想政治教育的新媒体矩阵是一个充满活力和动态变化的系统，在这个系统中，教育主体、教育客体、教育环体以及教育介体都在不断地进行调整和优化，以适应时代的发展和大学生的需求。尽管这个矩阵在形式和内容上不断变化，但其本质仍然遵循着一个稳定的范式。

1. 系统性

高校网络思想政治教育新媒体矩阵具备系统性这一核心属性。作为关键的教育工具，新媒体矩阵涵盖了社交媒体、网络直播、网络视频、手机应用等多种新媒体形式，这些新媒体因互动性强、传播速度快、覆盖面广等特征，可有效传递思想政治教育信息，进而提升大学生的思想政治素养。

新媒体矩阵的系统性体现在其内部构成和运作机制上。首先，各新媒体间存在紧密的联系和依存关系。例如，社交媒体能够作为网络直播和视频网站的宣传平台，而网络直播和视频网站又能为社交媒体提供丰富的内容和延伸，这种相互依存的关系共同构建了新媒体矩阵的完整框架。其次，新媒体矩阵能针对不同受众的特点和需求实施个性化的思想政治教育信息传递，以实现教育的差异化。最后，新媒体矩阵还能根据教育内容和目标进行有序的组合与排列，形成系统的思想政治教育体系，从而最大化教育的整体效果。

2. 同一性

新媒体矩阵具有同一性，下面将从受众对象、内容、目的和本质四个维度做深入探讨。

新媒体矩阵的受众对象拥有共性。无论借助何种媒介，新媒体矩阵始终面向大学生这一核心受众。因此，在信息传播过程中必须充分考量大学生的特点，紧密贴合他们的兴趣与需求，以增强教育的针对性和实效性。

内容的共性是新媒体矩阵不可或缺的核心要素。通过新媒体矩阵传达给学生的信息和价值观念必须保持高度一致，尽管不同媒介可能产生不同的传播效果，但都必须传达社会主义核心价值观。这有助于大学生在接触多样化信息的同时坚守正确的价值观导向。

目的的共性是新媒体矩阵建设的基石。新媒体矩阵旨在对大学生进行网络思想政治教育，帮助他们坚定理想信念，成为新时代的引领者。因此，教师利用新媒体矩阵传播的内容和方式必须紧密围绕这一目标，以最大化教育效果。

新媒体矩阵在本质上与其他教育载体有共性。作为高校网络思想政治教育载体的集合体,新媒体矩阵与其他载体具有共同目的,即为高校网络思想政治教育服务。这要求教师深入挖掘各种载体的优势,形成合力,共同推动高校网络思想政治教育的发展。

3. 动态性

新媒体矩阵在高校网络思想政治教育中兼具动态性与稳定性,二者相互依存,共同构成一种动态的稳定状态。相较于传统的高校网络思想政治教育载体(如专题教育门户网站),新媒体矩阵展现出了鲜明的动态特性。传统的教育载体在内容针对性、网站设计、栏目设置以及互动性方面存在不足,教育方式单一,难以吸引大学生的兴趣。

新媒体矩阵由多种新媒体组成,各元素不断变化,推动整个结构持续演进。在这一动态结构中,任何一个媒介的变化均会牵动其他媒介的调整。这种变动并非无序,而是在探索和优化最佳教育模式的过程中不断寻求平衡,当媒介变化达到暂时的平衡状态时,将形成当前状态下的最佳教育模式,从而实现最佳教育效果。

对于高校思想政治教育者而言,则需要根据教育要求、目的以及大学生的实际需求不断调整和优化教育模式。这种调整与优化随教育环境的变化而进行,旨在确保大学生能够及时获取所需的知识和信息。

4. 组合性

新媒体矩阵的特性在于其自由组合(见图 10–2)与动态调整的能力。这一矩阵由多元化的媒介构成,因此具有灵活多变的组合方式。作为一个开放的系统,新媒体矩阵与外部环境的交互是持续的,使得其内部元素能够不断地自我优化,形成最佳的配置状态。这种变化具有双向性、即时性和自发性,展现了一种动态的调整过程。

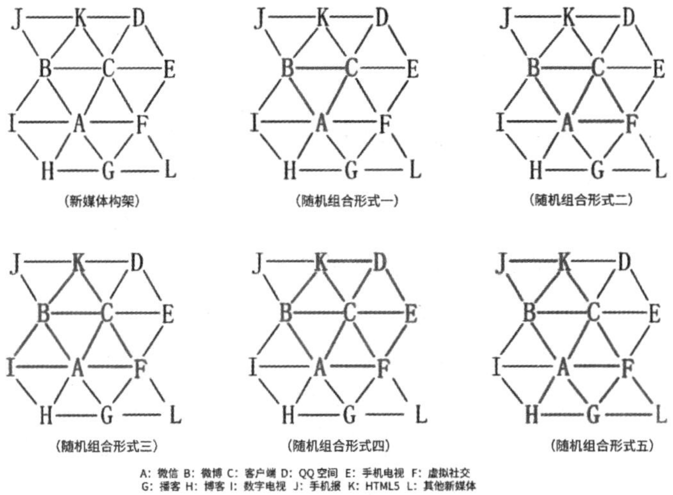

图 10-2 新媒体矩阵的自由组合

在高校网络思想政治教育中,新媒体的应用使得教育过程由单向传递转变为双向互动,教师和大学生在沟通与交流中共同探索出最有效的教育与学习模式。新媒体矩阵正是最新探索成果,它根据具体情境和问题进行实时的调整与组合。在保障教育质量和私密性的同时,新媒体矩阵为新时期的教师与大学生之间搭建了一座沟通的桥梁。

新媒体矩阵自由组合与动态调整的特性使其能够更好地满足教师和学生的实际需求。一方面,这种特性提升了教育的效果和质量,使教育更加贴近实际;另一方面,新媒体矩阵也为教师和学生之间的沟通与交流提供了最佳的平台,有助于增进双方的互动与合作。

在新媒体矩阵的支持下,教师和大学生能够充分发挥各自的优势,共同推动教育的变革。新媒体矩阵不仅为教师提供了更加多元化的教学手段,同时也激发了学生的自主学习能力和创新精神,这种模式有助于调动学生的积极性、主动性和创造性,使教育过程更具吸引力。

新媒体矩阵作为一种创新的教学模式,为高校网络思想政治教育带来了新的发展契机。教师和学生应充分利用新媒体平台,不断调整和优化教育、学习模式,共同为提高教育质量而努力。在新媒体矩阵的助力下,我国的教育事业必将迎来更加辉煌的未来。

5. 整合性

新媒体矩阵的整合性为高校网络思想政治教育者提供了极大的便利。教师可以根据教育需求,精选古今中外优秀教育资源,定制符合教育目标的矩阵模型,以达到最佳教育效果。这一特性使新媒体矩阵在高校网络思想政治教育中占据独特且重要的地位。

新媒体矩阵在高校思想政治教育中的重要性日益凸显。它是高校根据社会需求和大学生思想发展实际,通过对新媒体平台进行有规律、有计划的整合与排列,构建出的具有针对性、层次性、全面性的思想政治教育环境。这一环境显著提升了思想政治教育的覆盖面和影响力,进一步推动了高校思想政治教育的现代化、科学化、专业化发展。

教育新媒体矩阵的建设是一项系统工程,在协同发挥新媒体功能的同时需保持新媒体的独特性。新媒体矩阵是思想政治教育的重要载体,它的基本特征和功能使得它能够整合各类思想政治教育资源,提高教育的针对性和实效性。高校是新媒体矩阵建设的主体,在管理上拥有主导权,负责具体运行和审核,确保信息内容的真实性和权威性。新媒体矩阵将思想政治教育内容、任务传递给学生,同时过滤新媒体环境中的负面信息,为学生提供明确的指导,确保与学生之间的有效沟通与交流。这要求相关负责人员对新媒体平台有深入的了解和熟练的运用,以确保新媒体矩阵在思想政治教育中发挥更大的作用。

总之,新媒体矩阵的系统性、同一性等特性,以及强大的信息聚集和扩散能力,使其成为开展全方位思想政治教育的重要阵地。

第二节　新媒体环境下高校思想政治矩阵教育模式的优势

一、有利于高校思想政治教育的时代化

2016年12月，习近平总书记在全国高校思想政治工作会议上的重要讲话中提出了“因事而化、因时而进、因势而新”的“三因”理念。这一理念不仅为我国思想政治工作指明了新的发展方向和工作方法，也对高校思想政治教育提出了更高的要求。习近平总书记明确指出：“思想政治工作从根本上说是做人的工作，必须围绕学生、关照学生、服务学生，不断提高学生思想水平、政治觉悟、道德品质、文化素养，让学生成为德才兼备、全面发展的人才。”

习近平总书记的重要讲话对高校全方位开展思想政治教育的重要性和高校思想政治教育的重心进行了深刻阐述，为有效实施高校思想政治教育提供了重要指导。在当前信息化、网络化的背景下，新媒体矩阵建设成为高校思想政治教育积极回应“三因”理念的必要举措。

如今，信息化、网络化已经成为我国国民经济增长的重要动力，对信息化的创新研究也被视为国家发展的关键，信息化程度的提升也成为衡量国家发展水平的重要指标，这都显示出信息化、网络化在社会进步和经济发展中的主导地位。新媒体作为信息科技的产物正在逐步改变人们的生活方式，也给教师的教学方式带来了质的变化。

新媒体的覆盖率和影响力已成为改变社会和环境的重要力量。面对新媒体的发展态势，教师需结合新媒体的优势和特点，顺势而为，推动高校思想政治教育的创新发展。随着“融媒体”发展理念的提出，高校思想政治教育新媒体矩阵的建设获得了强大的理论支持和物质条件，为全方位实行高校思想政治新媒体矩阵教育模式奠定了坚实基础。

新媒体信息的海量性、时效性和互动性为高校思想政治教育新媒体矩阵建设提供了丰富的内容支持。同时，高校思想政治教育新媒体矩阵

结合其特性，为高校思想政治教育提供持续的信息和资源，使其紧跟社会发展步伐，关注时事，迅速适应社会变化，进行具有创新性的理论和实践探索。

综上所述，在新时代背景下，高校思想政治教育新媒体矩阵建设的重要性显而易见。它不仅有助于提升大学生的思想水平、政治觉悟、道德品质、文化素养，更有助于培养德才兼备、全面发展的人才，推动我国教育的全面进步。因此，教师应充分利用新媒体的优势，因事而化、因时而进、因势而新，不断创新高校思想政治教育的方式和方法，让高校思想政治教育在新媒体环境下更具时代性，为我国培养更多具有高度思想觉悟、道德水准和文明素养的社会主义建设者和接班人。

二、有利于高校思想政治教育的有效化

新媒体矩阵的构建拥有坚实的理论支撑与实践基础，它的实施具备高度的可行性。通过实时的反馈机制，新媒体矩阵能够精确捕捉受众的需求与兴趣点，进而做出精准的方式选择与内容规划，广泛覆盖思想、情感、能力等多个维度。

高校思政教育新媒体矩阵的构建与社会政治、经济、文化环境紧密相连，涉及社会、学校、家庭等多个领域，承载着思想政治教育的核心内容与目标，它构建了一个全方位、引导型、潜移默化的即时环境。可以说，从各个关键要素来看，高校思想政治教育新媒体矩阵均展现出不可替代的时效性与价值。

首先，教师需遵循高校思想政治教育要求以及学生思想政治素养形成与发展的规律，对学生实施具有明确目标和周密计划的教育，这一过程旨在塑造学生符合社会要求的思想政治素养。高校思想政治教育新媒体矩阵的建设不仅与上述教育过程保持高度一致，更对其起到了积极的推动作用。

其次，思想政治教育的核心过程在于将既定的思想观念和价值观念转化为个体的内在信仰，进而外化为自觉行为。大学生思想政治教育新媒体矩阵的构建，助力“内化”与“外化”结果的实现，显著提升了思想政治教育的时效性。第一，新媒体矩阵强化了思想政治教育主体间的互动，增进了师生彼此的了解。传统的师生关系往往局限于教与学的框架，互动有限。而新媒体矩阵的引入打破了这一壁垒，使教师与学生能

够实时互动，增进相互了解，拉近彼此距离。第二，新媒体矩阵显著提升了教师在实践活动中的效率。教师通过掌握新媒体技术，能够不受地点和人数限制，以视频、音频、文本等多种形式实时传递教育内容。同时，利用新媒体的即时性和互动性，教师可以对大学生关心的社会热点和事件进行实时直播讲解，极大地节约了教育实践的时间和人力成本。第三，高校思想政治教育新媒体矩阵的建设为学生提供了广阔的实践和“外化”平台。新媒体为大学生提供了更多表达观点、展示自我、交流需求的渠道，激发了他们展现自我、追求知识的热情，从而推动他们不断自觉学习和实践。

对于思想政治教育有效性的评价，主要涵盖以下三个维度：教育性、个体需要的满足以及社会需要的满足。在评价过程中，高校思想政治教育新媒体矩阵建设的作用不可忽视，它对于提升思想政治教育实效的贡献主要体现在对效果的评估、满足个体与社会需求等方面。第一，使用新媒体矩阵有利于增强思想政治教育的时效性。通过多个相互关联的新媒体平台，大学生能够接触到不同层次的教育内容，从而深化对基础知识的理解，掌握逻辑规律，探索更深层次的内容。这种多元化的学习方式有助于激发学生的好奇心和自主学习能力，营造出积极向上的学习环境，进而加速思想政治教育目标的达成。第二，使用新媒体矩阵有利于满足教育对象的个体需求。通过新媒体，大学生能够将学校与社会紧密联系起来，了解并熟悉社会准则、政策、法律、道德等，这不仅为大学生未来融入社会提供了思想准备，同时满足了他们在精神生活方面的需求。新媒体矩阵提供了分享观点、交流意见的平台，使学习过程充满美感与轻松，培养了学生的审美情趣。第三，相较于传统思想政治教育，高校思想政治新媒体矩阵教育模式最显著的优势在于其信息传达的及时性与海量性，这些特点恰好满足了社会发展的要求。大学生通过新媒体矩阵可以及时了解国家政策法规与社会道德规范，再通过教师的深入分析与讲解，形成心理认同，从而自觉遵守社会行为规范和价值准则。

三、有利于高校思想政治教育的科学化

高校思想政治教育新媒体矩阵的构建，对于推动思想政治教育的科学化进程具有显著影响。

首先，以马克思主义的科学体系为基石，高校思政教育新媒体矩阵

的构建不仅确保了其科学性，更体现了科学理论在新媒体时代的实践与应用。结合新媒体的特点与规律，新媒体矩阵为高校思想政治教育的科学发展提供了有力支撑。

其次，高校思政教育新媒体矩阵的运行以思想政治教育方法论为指导，遵循大学生思想形成与发展的规律以及其在网络中的行为特征。针对不同阶段学生的特点，高校思政教育新媒体矩阵在教学目的、方式、内容等方面精心设计，确保教育的针对性、客观性与科学性，充分尊重并照顾到学生的个体差异。

再次，高校思政教育新媒体矩阵的构建紧密围绕社会历史发展的客观规律和网络思想政治教育的发展要求。在当前新媒体时代，移动互联网的高速发展与科技创新对社会产生了深远影响，因此，对网络新媒体的治理与领导显得尤为重要。新媒体矩阵建设强调对网络主导权的掌握，对网络空间的综合治理以及对新媒体平台的融合利用，以适应时代发展的需要。

最后，高校思政教育新媒体矩阵的教育内容要贴近学生的日常生活，充分尊重并发挥学生的主体性。同时，新媒体矩阵的构建与思想政治教育现代化、规范化、国际化的发展趋势相契合，为思想政治教育的观念更新和方法创新提供了有力支持。

第三节　新媒体环境下高校思想政治矩阵教育模式的运行策略

一、高校思政教育新媒体矩阵的构建

（一）精准定位，准确把握思想政治教育特点

在高校网络思想政治教育过程中存在诸多影响因素，诸如教育信息的传递效率、信息间的矛盾冲突、信息过载、大学生的心理状态以及教师与大学生之间的知识水平差异等。为了有效应对这些问题，教师需精

准把握以下五个核心方面，以构建科学、合理的新媒体矩阵。

首先，教育语言的选择至关重要。鉴于大学生网络语言的复杂性及多样性，不同的网络表达方式对教育效果的影响亦不同。因此，教师应根据大学生的文化背景、价值观念和网络语言特点选择恰当的教育语言。同时，教师还需关注网络语言的快速演变，以适应大学生不断变化的语言需求。

其次，教育过程的掌控是精准定位的关键。随着互联网的深入发展，高校网络思想政治教育过程面临着越来越多的外部干扰。教师需要关注教育信息的筛选、信息矛盾的调和以及信息量的适度控制，以保证教育信息的有效传递。此外，教师还需要深入了解大学生的心理状态，以适应不同接受能力的学生。

再次，教师与大学生之间的知识水平差异亦不可忽视。教师应提升自身在新媒体领域的专业素养，以提高教学效果，同时还需了解大学生的知识结构和兴趣爱好，以便选择恰当的教学内容。

此外，大学生心理状况对网络思想政治教育的影响亦不可小觑。教师需关注大学生的情感状态、个性特点和认知水平等因素，以提高教育效果。教师也可以通过提升自身人格魅力，提高大学生对教育内容和过程的接受程度。

最后，要合理安排新媒体矩阵的组织架构。新媒体矩阵涉及多个媒介和环节，给矩阵的运行带来诸多挑战。教师需要关注新媒体矩阵的组织架构，以提高教育效果。例如，通过简化新媒体矩阵的组织结构和批转流程，降低教育过程的复杂性。

鉴于此，在构建新媒体矩阵，开展高校网络思想政治教育时，可以从以下四个方面入手（见图 10-3）。

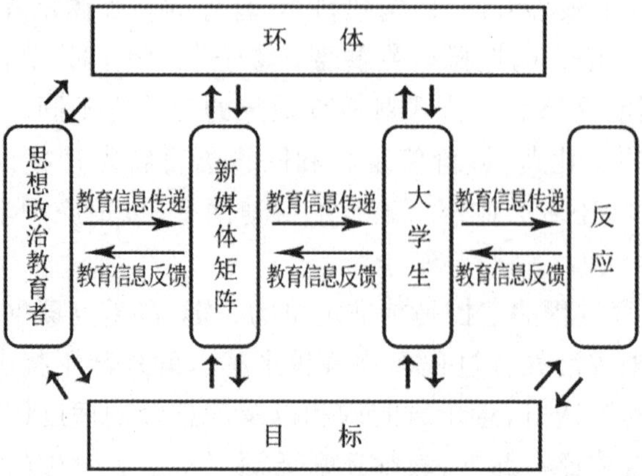

图 10-3 精准定位高校思政教育新媒体矩阵

首先,网络思想政治教育者应当发布具有针对性的教育信息,这些信息基于对大学生需求的深入了解,旨在解决学生困惑,并引导他们树立正确的价值取向,此乃教育过程的核心所在。

其次,教育者需精心挑选新媒体媒介作为教育工具。当前,新媒体形态丰富多样,如微信、微博、数字电视、手机电视、播客等,这些媒介在教育领域具有显著影响力。这些媒介各具特色,适用于不同的教育场景,教育者需依据实际情况选择最合适的媒介,以提升教育质量。在教育过程中,新媒体媒介作为教育工具,其运作并非单向,而是需要教育者与大学生之间进行有效沟通,通过信息交互实现教育目标。同时,不同新媒体媒介的适用对象和内容存在差异,教育者应据此做出选择,以提高教育效果。

再次,大学生接受教育并理解教育内容,这一环节在传统管理学中被称为"解码",但实际情况要更加复杂。由于大学生具有主观能动性,其状态和价值观念随时可能发生变化,教育者需根据这些变化进行实时"解码",这无疑增加了教育难度。

最后,大学生对教育者所传输的教育信息会产生反应,这些反应大致可分为接受、认知和行动三类。接受包括愿意和不愿意两种情况;认知是大学生对教育信息的理解和学习过程;行动则表现为愿意将所学内容付诸实践。教育者通过关注这些反应,获取教育反馈,进而启动新一轮的大学生网络思想政治教育,实现新媒体信息流的循环往复。

高校网络思想政治教育是一个复杂而艰巨的任务,教师需要深入理解大学生的学业和心理需求，选择合适的教育媒介，根据大学生的实际情况进行教育活动，从而实现教育的目的。

（二）多管齐下，努力提升思想政治教育实效

高校思想政治教育是一项庞大且复杂的系统性工程，仅凭教育主体与客体难以取得显著的教育效果，必须采取多管齐下、多措并举的策略，全面提升高校网络思想政治教育的效果。首先，高校应充分利用新媒体矩阵的优势，提高教育内容的吸引力。这意味着教育者需要密切关注大学生的实际需求，设计有针对性的教育内容和切入点，使内容更贴近大学生的生活实际，从而激发他们的学习兴趣，并通过新媒体矩阵进行有效传播。其次，高校应借助新媒体矩阵的广泛传播和快速覆盖特点，开展多样化的教育活动。例如，可以组织线上讲座、线上讨论和线上知识竞赛等，为大学生提供丰富的学习方式，提高教育效果。此外，高校还需重视新媒体矩阵在教师队伍建设中的应用。教师应不断提升自身新媒体素养，熟练掌握各种新媒体工具，利用新媒体矩阵创作和传播教育内容，以提高教育质量。最后，高校应注重新媒体矩阵与传统教育媒介的有机融合。新媒体矩阵与传统教育媒介相互补充，共同构成现代教育的完整格局。教师作为思想政治教育者应巧妙地将两者结合，发挥它们各自的优势，为高校思想政治教育提供更为全面和有效的支持。

可见，新媒体矩阵在高校网络思想政治教育中具有举足轻重的地位。高校应当充分利用新媒体矩阵的优势，进一步提高网络思想政治教育水平，为培养有理想、有道德、有文化、有纪律的社会主义建设者和接班人做出新的更大贡献。

在当前的信息化社会环境下，高校新媒体平台的发展势头强劲，其影响力也在逐步扩大。然而，在这一进程中高校不得不面对一个日益凸显的问题，即“僵尸粉”现象。所谓的“僵尸粉”指的是那些虽然关注了校内新媒体平台，但实际上并未通过这些平台进行过任何操作的关注者。大量“僵尺粉”使得新媒体平台未能发挥其应有的作用。面对这一现象，高校应当深刻认识到它的严重性，并采取相应的措施进行改进。高校新媒体平台需要努力提升互动质量，以更好地满足大学生的个性化需求，充分发挥其在高校网络思想政治教育中的重要作用。只有这样才能真正实现新媒体矩阵的价值，为大学生提供更加优质、贴心的教育服务。

二、新媒体矩阵的运用

（一）补充网络心理教育内容

随着中国互联网技术的广泛普及和深入发展，网络为人民群众的日常生活带来前所未有的便捷，特别是对于大学生这一特殊群体而言，影响尤为显著。互联网技术的运用不仅打破了传统的时间和空间限制，而且为大学生提供了更为丰富多样的社交沟通渠道，极大地丰富了他们的生活体验。然而，任何事物都有其两面性，互联网在带来便利的同时也对大学生的价值观和心理健康产生了不容忽视的负面影响。

首先，部分大学生过度依赖网络，沉迷于网络社交，导致他们在现实生活中的人际交往能力逐渐减弱。网络的虚拟性使部分大学生过度沉浸其中，逐渐脱离了现实生活的轨道。长此以往，可能会对大学生的性格塑造产生不良影响，甚至引发“网络孤独症”等心理问题。

其次，大学生在网络社交中可能会面临信息过载的问题。互联网上信息量庞大且繁杂，大学生在处理这些信息时可能会感到无所适从。此外，网络社交中还可能存在网络欺凌、网络陷阱等问题，这些问题对大学生的心理健康构成了严重威胁。

针对以上问题，高校应及时通过新媒体矩阵补充和完善大学生网络心理教育内容，引导大学生树立正确的网络观念，可以通过制作警示微视频、讲述反面小故事等方式，生动形象地展现大学生网络心理教育内容。新媒体矩阵具有吸引力强、受众参与度高等特点，能够有效提升宣传教育效果。同时，高校还应关注大学生网络心理教育的实践问题。例如，如何引导大学生合理使用网络社交工具，避免网络成瘾；如何帮助大学生应对网络欺凌和网络陷阱，提高他们的自我保护能力；如何培养大学生的网络素养，使他们在网络世界中能够做出正确的判断和选择等。

（二）加强网络法治教育

优化大学生网络法治教育成效，新媒体矩阵的运用尤为关键。

新媒体矩阵是以互联网、移动通信、数字电视等多元媒介为载体构筑的集新闻传播、信息交流、休闲娱乐、公共服务等多元化功能于一体的信息传播平台集合。它能够将抽象的法律条文转化为大学生所关注的形式与主题，进而深化他们对法律知识的理解与掌握。同时，借助互动与分享等机制，新媒体矩阵还能有效激发大学生对网络法治教育的兴趣，并提升其学习积极性。

当前，我国高校已经充分认识到新媒体矩阵在大学生网络法治教育中的重要作用，部分高校已建立起自己的新媒体矩阵平台，包括微信公众号、微博、抖音等，通过发布法律知识、案例分析、专家讲座等，增强大学生的法律观念，提高其网络素养。同时，一些高校还与当地政府、企业、社会组织等开展合作，利用新媒体矩阵组织多样化的法治教育活动，如法治知识竞赛、法律讲座、法治文化宣传周等。

大学生虽可借助网络的匿名性隐匿身份，但决不能在网上随意发布不负责任的言论或从事违反法律法规的活动。我国已出台多项规范大学生网络行为的法规，并对大学生网络法治教育予以高度重视。新媒体矩阵的运用将有助于提升大学生网络法治教育的效果，帮助大学生更好地适应互联网时代的发展需求。

（三）实现教育资源的科学利用

传统的高校思想政治教育受限于特定的时间与空间，坚持固定的课堂教学，这种固定阵地式的教学方式对大学生学习的心情、心态和心境产生了深远影响，进而影响了他们对网络思想政治教育的接受程度。然而，新媒体矩阵的崛起为教师提供了新的契机，使他们能够充分利用新媒体的优势，突破空间限制，实现教育资源的有效整合与梳理。新媒体矩阵的应用对教育资源的影响如下。

首先，它促进了教育资源的共享共用。通过新媒体矩阵，跨越时间、国界和地域的思想政治教育组织、教育工作者能够共享教育资源，有效避免资源的冗余与浪费。其次，利用新媒体矩阵，教师能够全面把握不同时间和地点的教育资源，便于从中选择最适合的教育资源进行优化组合。此外，新媒体矩阵还实现了教育资源的动态更新。新媒体矩阵能够实时更新教育内容，确保提供最新、最符合时代需求的教育资源。同时，借助大数据分析，新媒体矩阵能够推送个性化的教育资源，根据学生的学习习惯和兴趣定制教育内容，从而提升学习效果。

新媒体矩阵在教育领域的应用尽管提高了教育资源的利用率，但也面临一系列挑战，例如如何确保教育资源的质量，防止虚假信息的传播。此外，教师还需不断提升自身的信息技术素养，以适应新媒体矩阵时代的教育需求，确保教育工作的顺利开展。

（四）实现教育资源利用的最大化

新媒体矩阵的承载属性、传导属性、教化属性等有利于实现教育资源利用的最大化。

1. 承载属性

新媒体矩阵的承载属性指的是其能够容纳并传播大量信息的能力，这其中便包括思想政治教育内容。新媒体矩阵涵盖的社交媒体、在线教育平台及新闻客户端等均可作为传播思想政治教育信息的有效渠道。高校需深入挖掘新媒体矩阵的承载潜力，以恰当方式呈现思想政治教育资源，从而提升教育效果。例如，利用社交媒体平台发布思想政治教育理论文章，供大学生在课余时间自主学习；通过在线教育平台组织课程，规定学习时间。这些举措有助于实现新媒体矩阵与思想政治教育的有机结合，提高教育的广度和深度。

高校可组织线上讲座、研讨会及主题讨论等，让大学生通过新媒体平台深入学习和理解习近平新时代中国特色社会主义思想。高校需要善用新媒体矩阵的承载属性，将相关思想转化为教育资源，实现教育资源利用的最大化。

2. 传导属性

传导这一术语在新时代被赋予了新的意义与任务，它不仅是高校网络思想政治教育新媒体矩阵的属性,更是新媒体矩阵的核心属性。传统的传导意指信息由一方传递给需要该信息的另一方,但在新媒体矩阵中,传导的内涵已发生深刻变革。新媒体矩阵的传导不再是单纯的定向传递,而转变为发散式的传导,当新媒体矩阵中的各平台承载教育信息时,传导过程已经开始。新媒体矩阵的传导属性使得高校网络思想政治教育得以广泛传播教育内容,从而极大地扩展了教育的受众群体与影响力,实现了教育资源利用的最大化。

此外,新媒体矩阵的传导属性还激发了大学生之间的共鸣。他们在新媒体平台上交流、互动,分享学习体验与心得,形成了积极向上的学习氛围。这种共鸣不仅有助于大学生深入理解思想政治教育内容,也有助于其塑造科学的世界观、价值观与人生观。

3. 教化属性

教化自古以来便是中华文化的核心之一,它不仅涵盖了知识的传授,更注重道德品质的熏陶和人格的塑造。随着社会的快速发展,人们面临越来越多的诱惑和挑战,在这样的背景下,教化的作用愈发凸显,它不仅仅体现为对学生的教育,更包括对全社会的教育。在现代社会,物质丰富但精神匮乏的问题愈发严重,因此更加需要注重事物的教化功能。

教化属性作为新媒体矩阵的重要属性,对于提升大学生的思想道德水平具有关键作用,它有助于引导大学生树立健康的世界观、人生观和价值观。在新媒体矩阵的作用下,其教化属性将助力高校网络思想政治教育,推动教育资源利用的最大化。

参考文献

[1] 陈海燕 . 全球化时代高校思想政治教育创新研究 [M]. 济南：山东大学出版社，2015.

[2] 陈娟，林颖，陈应娣 . 大学生思想政治教育新论 [M]. 北京：中国海洋出版社，2016.

[3] 褚惠萍 . 大学生生命教育的理论与实践 [M]. 南京：南京师范大学出版社，2015.

[4] 戴钢书 . 高校思想政治理论课教学跨学科研究方法论 [M]. 北京：中国人民大学，2017.

[5] 丁晓娟，赵亮 . 新时期大学生思想政治教育 [M]. 北京：中国人事出版社，2016.

[6] 顾永新，刘萍丽 . 高校思想政治理论课实践教学案例研究 [M]. 西安：西北工业大学出版社，2019.

[7] 胡绪明 . 高校思想政治理论课实践教学案例与课程设计 [M]. 天津：天津人民出版社，2021.

[8] 黄钧辉 . 新时代高校智慧思政理论与实践 [M]. 杭州：浙江大学出版社，2023.

[9] 黄兰珍 . 求本筑基集——新时期思想政治教师基本功备课篇 [M]. 上海：上海教育出版社，2017.

[10] 季海菊 . 新媒体时代高校思想政治教育的解构与重塑 [M]. 南京：东南大学出版社，2014.

[11] 李风啸 . 新时代数字化与高校思政教育的深度融合 [M]. 北京：中国纺织出版社，2022.

[12] 李捷，张静 . 新时代大学生心理视野下的思想教育研究 [M]. 武汉：湖北科学技术出版社，2021.

[13] 李林英 . 新媒体环境下高校思想政治教育教学研究 [M]. 北京：人民出版社，2015.

[14] 李敏，卢佐冬，唐忠义 . 新时代高校思想政治理论课实践教学创新研究 [M]. 武汉：武汉大学出版社，2020.

[15] 李卫东 . 地方院校德育研究（第 11 辑）：用习近平新时代中国特色社会主义思想引领高校德育 [M]. 武汉：武汉大学出版社，2019.

[16] 连艳辉，闻竞，贾晓强 . 新媒体背景下高校思想政治教育的解读研究 [M]. 长春：吉林出版集团股份有限公司，2020.

[17] 廖云燕，徐培 . 数字媒体技术与应用 [M]. 哈尔滨：哈尔滨工程大学出版社，2023.

[18] 刘宝杰，杨世宏 . 高校思想政治理论课实践教学理论与实践 [M]. 北京：光明日报出版社，2021.

[19] 陆安琪 . 新时代高校思想政治教育协同育人路径研究 [M]. 北京：中国出版集团；中译出版社，2022.

[20] 孟莉 . 网络舆情——高校思想政治教育工作的新视域 [M]. 合肥：合肥工业大学出版社，2016.

[21] 沙占华，柴素芳，李昊辰 . 高校思想政治理论课微电影教学理论与实践研究 [M]. 保定：河北大学出版社，2020.

[22] 邵光华，晏成步，徐建平 . 地方本科高校转型发展研究 [M]. 杭州：浙江大学出版社，2017.

[23] 邵泽义 . 新时代高校思想政治教育管理体系的构建研究 [M]. 镇江：江苏大学出版社，2022.

[24] 孙丽娟 . 新时期高校思想政治教育理论与实践 [M]. 延吉：延边大学出版社，2022.

[25] 孙亮，邓力 . 高校思想政治工作与构建和谐校园研究 [M]. 南昌：江西高校出版社，2019.

[26] 田自立 . “互联网 +”视域下高校思想政治教育实践研究 [M]. 延吉：延边大学出版社，2022.

[27] 杨章钦，徐海章 . 思政理论课教学改革与大学生思政教育互动研究 [M]. 上海：上海财经大学出版社，2017.

[28] 余双好 . 思想政治理论课程教学法探析 [M]. 北京：中国人民大学出版社，2018.

[29] 袁俊平，卜建华，胡玉宁 . 人的全面发展理论与高校思想政治

教育创新发展研究 [M]. 成都：西南交通大学出版社，2017.

[30] 张桂霞，赵艳 . 数字媒体艺术专业课程思政教学指南 [M]. 北京：经济科学出版社，2023.

[31] 张寒梅，龙睿赟 . 高校思想政治理论课教学改革与创新研究 [M]. 成都：西南财经大学出版社，2016.

[32] 张守龙 . 社会热点在高校思想政治理论课教学中的运用研究 [M]. 合肥：中国科学技术大学出版社，2015.

[33] 张思军 . 思想政治课教学中运用微格教学的理论与实践探索 [M]. 成都：西南交通大学出版社，2017.

[34] 赵汉杰 . 当代大学生思想政治教育的创新研究及新媒体路径的实践探索 [M]. 北京：中国书籍出版社，2017.

[35] 赵庆寺 . 讨论式教学与大学生社会主义核心价值观认同 [M]. 上海：上海人民出版社，2016.

[36] 郑山明 . 地方本科院校教师队伍建设研究 [M]. 北京：光明日报出版社，2017.

[37] 重庆工商大学马克思主义学院 . 高校思想政治理论课教育教学改革与理论研究 [M]. 成都：西南财经大学出版社，2017.

[38] 邹建平，陈静，陈君 . 高校思想政治理论课实践教学研究 [M]. 北京：北京理工大学出版社，2018.

[39] 卞明镜 . 大数据时代背景下高校思想政治理论课课程考核研究 [D]. 华中科技大学，2020.

[40] 崔恩慧 . 高校思想政治理论课网络教学中的大学生主体性研究 [D]. 扬州大学，2023.

[41] 冯天博 . 高校思想政治理论课红色叙事研究 [D]. 昆明理工大学，2023.

[42] 贺宇 . 革命文化融入新时代高校思想政治理论课路径研究 [D]. 兰州交通大学，2023.

[43] 侯雪晴 . 高校思想政治理论课网络教学存在的问题及对策研究 [D]. 长春理工大学，2022.

[44] 李梦雪 . 高校思想政治理论课虚拟现实教学效用研究 [D]. 西南大学，2023.

[45] 林佳明 . 新时代高校思想政治理论课建设内涵式发展研究 [D]. 华北水利水电大学，2023.

[46] 凌菲 . 高校思想政治理论课网络课堂教育的实效性研究 [D]. 大理大学,2019.

[47] 刘瑞 . 高校思想政治理论课线上线下混合式教学模式构建研究 [D]. 重庆交通大学,2021.

[48] 彭佳俊 . 人工智能背景下高校思想政治理论课创新发展研究 [D]. 桂林电子科技大学,2023.

[49] 蒲丽霞 . 高校思想政治理论课话语体系建设研究 [D]. 陕西师范大学,2020.

[50] 史娇艳 . 伟大建党精神融入高校思想政治理论课研究 [D]. 湖北大学,2023.

[51] 宋江雪 . "慕课" 背景下高校思想政治理论课的发展境遇与应对策略 [D]. 吉林建筑大学,2019.

[52] 唐开将 . 高校思想政治理论课混合式教学的 SWOT 分析与对策研究 [D]. 贵州大学,2021.

[53] 滕梦媛 . 高校思想政治理论课虚拟实践教学运用研究 [D]. 兰州财经大学,2021.

[54] 王地 . 图像转向语境下高校思想政治理论课有效性提升研究 [D]. 兰州大学,2021.

[55] 王婧 . 高校思想政治理论课虚拟仿真教学研究 [D]. 山东大学,2023.

[56] 熊艳梅 . 高校思想政治理论课虚拟实践教学研究 [D]. 长江大学,2022.

[57] 徐思源 . 习近平关于新时代高校思想政治理论课的重要论述研究 [D]. 武汉轻工大学,2023.

[58] 燕文奇 . 高校思想政治理论课 "四位一体" 实践教学模式构建研究 [D]. 吉林建筑大学,2019.

[59] 杨露 . 新时代高校思想政治理论课课堂教学的现状和对策研究 [D]. 江苏大学,2020.

[60] 叶丹 . 基于在线开放课程的高校思想政治理论课混合式教学模式研究 [D]. 武汉大学,2019.

[61] 张艳艳 . 高校思想政治理论课虚拟仿真实验教学研究 [D]. 天津大学,2021.

[62] 张燕 . 新疆高校思想政治理论课混合式教学应用的路径研究

[D]. 新疆大学,2020.

[63] 周杨阳 . 新媒体环境下高校思想政治理论课互动式教学研究 [D]. 浙江工商大学,2020.

[64] 朱娜 . 高校思想政治理论课 MOOC 教学的价值实现问题研究 [D]. 电子科技大学,2019.

[65] 冯博 . 高校思想政治理论课数字生态系统的内涵、结构与运行机制探析 [J]. 思想教育研究,2023,(12): 100–106.

[66] 甘永霞 . 高校思想政治理论课信息化教学改革探讨 [J]. 教育信息化论坛,2021,(03): 77–78.

[67] 高盼 . 困境与出路: 信息技术与高校思想政治理论课深度融合研究综述 [J]. 高教学刊,2021,(02): 58–62.

[68] 勾波 . 高校思想政治理论课线上线下混合式教学模式探索与实践 [J]. 文教资料,2022,(12): 83–86.

[69] 孔令梅,吴兆能 . 高校思想政治理论课线上教学效果提升研究 [J]. 齐齐哈尔大学学报(哲学社会科学版),2021,(02): 179–182.

[70] 李童,杨祁瑞 . "翻转课堂" 教学模式在高校思想政治理论课中的应用 [J]. 现代交际,2021,(08): 170–172.

[71] 刘洋,吕小宁 . 高校思想政治理论课数字化建设的边界意识 [J]. 思想理论教育导刊,2023,(11): 105–111.

[72] 刘洋,沈佩翔 . 关于提高高校思想政治理论课在线教学质量的思考 [J]. 思想理论教育,2020,(04): 64–69.

[73] 马静音,曹银忠 . 大数据时代高校思想政治理论课创新的内生动力探赜 [J]. 社科纵横,2020,35(01): 137–140.

[74] 马静音,王向阳 . 大数据时代高校思想政治理论课的创新路径研究 [J]. 河北青年管理干部学院学报,2020,32(02): 59–63.

[75] 粟艾华,何丽萍 . 高校思想政治理论课沉浸式教学研究 [J]. 广西教育,2021,(15): 65–67.

[76] 杨利婷 . 大数据视域下高校思想政治理论课创新研究 [J]. 河南广播电视大学学报,2019,32(04): 68–72.

[77] 张静 . 社交媒体与高校思想政治教育互动的影响研究 [J]. 当代教研论丛,2023(8): 111–113.

[78] 张静 . 新媒体对高校思想政治工作影响研究 [J]. 中国报业,2024(6): 86–88.

[79] 赵阳 . 混合式学习模式在高校思想政治理论课中运用的问题与策略 [J]. 教育理论与实践，2019，39（21）：53–55.

[80] 周方媛 . 数字化赋能高校思想政治理论课四维探析 [J]. 兰州职业技术学院学报，2023，39（06）：20–25.